養出
快樂的孩子
比什麼都重要

吳鳳與孩子的分享教育

吳鳳——著

【自序】

爸爸告訴我，人生要自己選擇、要自己決定

我記得一九九四年的秋天，我跟幾個同學一起坐在校園中聊一些未來的事。我們聊的時候，我好奇地問同學們：「以後我們當爸爸的時候，會怎麼教養孩子呢？」我的一位同學回答：「你可以看你爸爸怎麼教你，你一樣教你的孩子！」我永遠忘不了他的這句話。雖然我們當年才十四歲，也不知道當爸爸是一個怎麼樣的過程，但是當天短短的聊天，讓我更想要好好觀察我爸爸的教養觀念。

幸好我有一位很棒的爸爸，所以從他的教育方式裡，我可以學很多。因為我媽媽一九八四年就走了，當時我跟妹妹還很小，所以我們沒有機會觀察媽媽的教育。不過雖然媽媽不在，但我們的姑姑代替母職，從媽媽離開到一九九七年，姑姑一直

陪著我們，照顧我們。

我寫這本書的主要動力，是想要跟你們分享我的教育理念，讓你們從中探索出一套屬於自己，也適合孩子的教養方式。其實世界上沒有一本書或者一個人可以完完全全知道怎麼讓孩子成功。在孩子的教育過程中，父母的教育相當重要，但是孩子自己的個性跟環境也會造就出不一樣的世界。我從小因為爸爸的關係，得到一個重要的人生觀念，那就是：「要自己選擇想要走的路，你的決定就是代表一切。如果你想要未來有一個成功的自己，那就從每天的行為中慢慢出發，不斷地投資自己，才能打造出一個好的人生。」

其實我爸爸的教育觀念不複雜。首先他非常愛孩子，盡力給我們他的資源跟輔導。接下來，他希望我們要自己決定剩下的部分。我從來沒有覺得爸爸逼我做什麼，或者去學什麼。爸爸通常是先問我想要上什麼課，如果我決定了，就要好好學習。如果我跟爸爸說不要，或是爸爸發現我對課程沒有興趣，他就讓我離開。

西方跟東方教育各有各的特色跟優點，這本書提供給讀者朋友多一個角度參考。教育這件事本來是不可能有一個固定的方式，它也是彈性的，畢竟每一個年代有新的教育方式，有許多新的變化。九〇年代的教育跟現在的很不一樣，但是不管教育的變化是什麼，目的永遠是一樣的，就是培養出有責任感、獨立、有創造力的孩子。而且最重要的是孩子長大後，要對社會跟世界有正面的影響。

最後我想要謝謝幫我出版這本書的人。其中之一是我老婆，她的鼓勵加上幫我修改書的內容，都很珍貴。而且我在她的身上學到很多東方教育的故事。接下來特別感謝出版社的朋友們，每一本書從草稿到讀者的手上，這辛苦的過程都需要有勇氣的人。沒有大家的幫忙，今天這本書還留在我的電腦裡就很可惜了。

目錄 CONTENTS

Part 01

家長們，請先與自己對話

Part 02

【人生這艘船，讓孩子自己當船長】

Part 03

給全天下的父母：不要急

Part 04

【我們正在走一條很長的路】

Part 01

家長們，請先與自己對話

你是否曾問過自己：我想要教養出什麼樣的孩子？

亞里斯多德曾說過：每一個人都會尋找快樂！教養孩子的第一個目的也是先讓孩子們覺得很快樂。

也許很多父母認為快樂不快樂並不重要。但我的教養想法，第一個目標是讓自己的孩子懂得什麼是快樂。

我常常跟女兒聊天，問她是不是快樂？哪些事讓她快樂？這樣我可以更靠近她的世界，分析她的需求跟興趣。不過相對地，要教養快樂，孩子也需要有快樂的父母。每天抱怨工作或者有很多負面情緒的人，應該很難讓自己的孩子快樂。父母需要讓孩子們感受到他們的愛、尊重和照顧。

小時候爸爸帶我去一個補習班，每次下課我都覺得不開心，甚至不開心到連補習班給的一些資料都丟進垃圾桶裡面。一般的父母發現這種狀況會罵自己的孩子，或者逼他們繼續上課。但爸爸看到我不喜歡，隔週就取消補習。他說，不開心的話不去也沒關係，我希望你開心就好。那一天爸爸說的話讓我深深感受到他對我的尊重。

爸爸把「快樂」放在教育最前面。

而他更讓我看見他的生活中也在享受「快樂」這件事，那是他許多有錢的朋友都沒有的生活品質。因為爸爸總是讓自己有生活空間，我們也是因為懂得快樂生活的爸爸，慢慢懂得什麼是欣賞生活。

我從來都沒有看過爸爸不快樂，就算他生意開始不好也沒有讓我們感受到壓力。現實生活環境的壓力很難避免，但身為爸爸媽媽，我們盡量不要讓自己的壓力影響孩子。

我建議大家五個關於親子快樂生活的方式：

一、**教孩子正面力量的態度**：減少他們的負面情緒。鼓勵孩子，讓他們成功完成一些任務，培養自信的個性。

二、**孩子們也要跟大人一樣享受當下**：讓孩子專注於手上的任務，以及當下的時間。

三、**孩子做錯不要馬上怪他們**：先好好聽他們講什麼，讓他們解釋。

四、孩子也要有一些目標：讓他們早一點了解完成目標會是很棒的事，沒有目標的教育會失敗。

五、**孩子要自由地玩**：通常孩子很專注於一個遊戲或者玩法的話，不要打擾他們，讓他們更投入。比如說，我女兒很喜歡用剪刀剪東西，這個時候我會在旁邊看著她，給她發揮的空間。

吳鳳的分享教育

要教養快樂，孩子也需要快樂的父母。

每天抱怨工作或者有很多負面情緒的人，

應該很難讓自己的孩子快樂。

一百元和一千元的養法不同，重點是你要給孩子什麼？

結婚前我很擔心自己的資源不夠多，無法讓孩子受到最好的教育，擔心很多事……有一天在土耳其的爸爸跟我說：「千萬不要給自己多餘的壓力。每個家庭的經濟狀況不同，賺的錢少不等於沒辦法讓孩子接受到最好的。一百元有一百元的養法，一千元也有一千元的養法。」

當天他說的每一句話讓我印象深刻。

每個人的生活方式不同，為什麼我要把其他人的教養方式當成我的目標呢？也許有些人的資源跟收入可以一年四季都出國；有些人一年一次，也有些人沒辦法出國，但是一樣在台灣開開心心地養孩子。所以重點絕對不是花多少錢，而是你給的是什麼樣的教育跟愛！

爸爸小時候玩的玩具全是木頭製作的，不是什麼高科技的東西，也不是什麼厲害的玩具，但是他們懂得珍惜，也懂得如何讓自己找到開心的方法。我記得小時候爸爸開的車子比較舊，但我們從來不覺得為什麼爸爸沒有跟其他人一樣有新車。我們還是很愛爸爸的車，因為那一輛車帶我們去很多地方玩，讓我們很快樂。

我建議不要把收入、工作，當成一個身分的象徵。也不要讓孩子小時候就以為資源是無限的。事實上，教養出珍惜資源、懂得感恩，還有孝順的孩子，才是最重要的。而這一切都跟父母的財力沒有一點關係。

最好的教育不是讓孩子去很好的學校，而是從家庭開始……

很多人說演藝圈的誘惑很多，其實不管身在哪個行業，甚至是家庭主婦（主夫），如果不懂得拿捏分寸，都有出軌的可能。童話故事是王子與公主結了婚，一切就會幸福美滿，童話故事並不會告訴我們現實的生活。尤其有了孩子之後，婚姻的責任就會越來越重大。

身為一個男人、也是成為爸爸的我，我的責任是照顧家庭跟孩子們，所以我必須要很注意自己的一言一行。從夫妻相處到親子教育，都會影響到孩子未來的個性跟發展。尤其父母親若有出軌的行為發生，不僅對另一半造成傷害，對孩子的影響更是長遠。

如果父母外遇，會對孩子造成什麼樣的傷害呢？我閱讀了一些文章與資料，整理了幾個心得：

一、**如果原生家庭有外遇，孩子長大後會有外遇的機率也相對比較高**。研究顯示，有百分之五十五的外遇家庭的孩子表示將來也想要偷吃。畢竟爸媽是孩子的榜樣，父母對婚姻的態度也會被孩子學起來。

二、**有外遇這件事造成孩子對爸媽失去信心**。他們眼中最偉大的人突然變成了不可靠的人，這也是非常嚴重的傷害。

三、**孩子以後更不容易相信人、朋友**。以後孩子有男女朋友的時候，總是會懷疑對方。研究顯示，百分之七十的外遇家庭造成孩子更不相信對方。

四、孩子沒有安全感。長大過程中會怕有人放棄他們，擔心爸媽會離開他們，會有不相信父母的感覺。

五、孩子不容易相信愛情。他們長大的時候會覺得愛情是假的、不存在。所以在男女朋友交往階段更容易發生分手。

六、爸爸偷吃的話，孩子會更靠近媽媽，不太想要跟爸爸相處。反過來如果媽媽有外遇的話，孩子會開始不喜歡媽媽。

七、外遇這件事在孩子的身上造成長久的影響，很難忘記。他們生活會有更多的壓力跟感情上的負面影響。

最好的教育不是讓孩子們去很好的學校，或者讓他們學很多才藝。真正的教育是從家庭開始，尊重另一半、愛他、珍惜他，讓家庭充滿和樂與愛的氛圍。孩子要有一個英雄、一個好的榜樣，那就是我們——父母！

記得，你的一個錯誤，有時候造成一輩子難以彌補的後悔。

吳鳳的分享教育

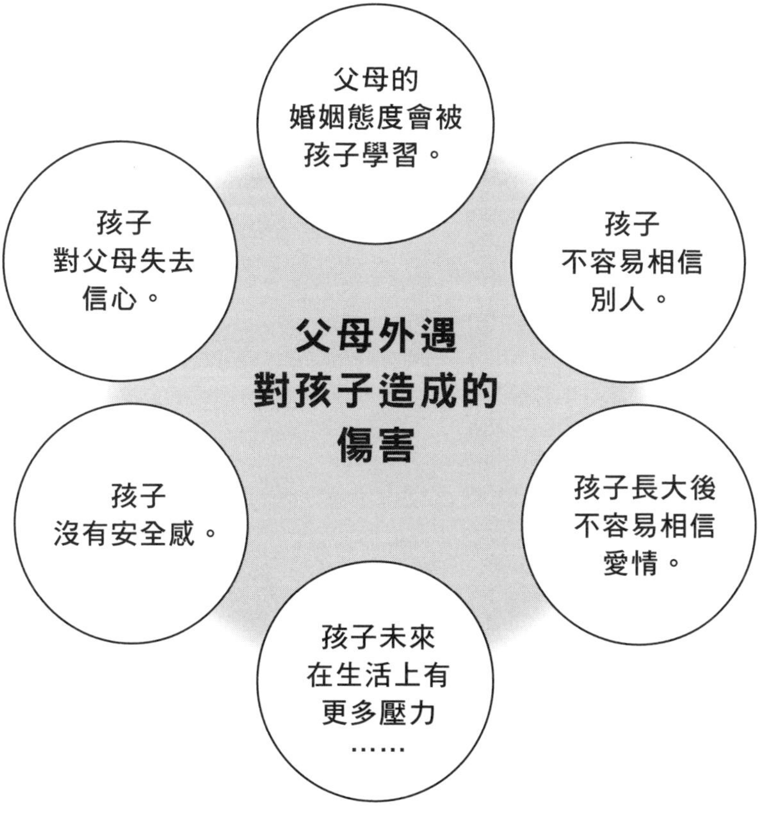
父母外遇
對孩子造成的
傷害
父母的
婚姻態度會被
孩子學習。
孩子
不容易相信
別人。
孩子長大後
不容易相信
愛情。
孩子未來
在生活上有
更多壓力
……
孩子
沒有安全感。
孩子
對父母失去
信心。

我跟父親學習「夢想」這件事

從小我就認為，天天都應該是父親節。每天都需要尊重、愛護、珍惜和感謝爸爸。也許因為媽媽很早就離開人世（當時我八歲，妹妹四歲），所以對爸爸的感情更加濃厚。

我記得小時候，他送我去美國學校讀書，本來擔心爸爸太辛苦。可是他說：「我的工作是賺錢，你放心！你只要認真學習，打開你的未來就好！」

他常常提醒我跟妹妹：在長大的過程中，千萬不要把人生變成遊戲或者忽略應該做的事，因為未來是需要想法、努力跟認真的。所以不管我做什麼，一直記得爸爸說過的話，認真生活、認真工作，當然也認真欣賞！十幾年前的冬天，爸爸為了節省開銷拚命存錢，願意住在一個很小的房子，他穿的外套還是我爺爺的外套。

「做夢」這件事，是我跟爸爸學的。

有一天在爸爸的店裡，他從抽屜拿出來一張紙給我看。他問我知道這是什麼嗎？我一臉疑惑。爸爸說：「這是我三十年前在報紙上看到的一個房子的廣告。我第一次看到這個房子覺得很漂亮，希望有一天我也會有這種房子，所以我把這個報紙廣告剪下來放在錢包裡面。等了二十幾年後，我買了一塊土地，自己蓋了一個簡單的房子，就是現在你們每年夏天去玩的避暑別墅（summer house）！那個房子是我的夢想，所以我就努力追求。」

我長大了，有能力自己賺錢了，我幫他請一個看護，天天照顧爸爸的基本生活起居，幫他買輛車子，讓他看醫生不用再搭公車。接下來還想要幫他買個冬天的房子，讓他不用再煩惱租金跟房東的壓力。爸爸常常說：「孩子，謝謝你。」我說：

「你給我的支持跟鼓勵，我不管買什麼給你，都沒辦法跟你過去的付出比較。」

我想分享以下這段故事：

六十歲的爸爸跟他年輕的孩子坐在院子裡。他們聊天的時候一隻鳥停在旁邊的樹枝上。

爸爸問孩子：這是什麼鳥？

孩子回答：烏鴉。

爸爸再問一次：這是什麼鳥？

孩子覺得很奇怪，比較大聲地回答：烏鴉，我剛剛說烏鴉！

爸爸繼續問一樣的問題：你知道這是什麼鳥嗎？

孩子已經有點生氣：我說，烏鴉！剛剛說兩次沒聽到嗎？

爸爸還在問：這是什麼鳥？

孩子已經受不了：我已經說很多次！爸爸，你沒有耳朵嗎？就是烏鴉！我還需要說幾次？

爸爸慢慢地起身，回去房子裡面，不到五分鐘手上拿一本本子，回到孩子旁邊。打開本子跟孩子說：請幫我唸這頁上寫的字。

孩子就開始唸：「今天我跟兒子一起去公園。我們坐著聊天的時候有一隻鳥在旁邊停下來。孩子問我：爸爸，這個是什麼？

爸爸說：這是一隻烏鴉，一種鳥。

孩子再問一次：爸爸這是什麼鳥？

爸爸：這是烏鴉！

孩子繼續問，兩次！三次！五次！十次！

爸爸一直跟孩子說同一個答案，完全沒有任何生氣的感覺，好像越講越快樂。爸爸不斷地看著孩子好奇的眼睛。」

孩子看完了這段故事之後，跟爸爸說：對不起！我眞的不是故意的！我必須要跟你一樣很有耐心，但是失敗了！謝謝爸爸你給我的這個功課。我現在更懂當爸爸這件事多麼需要愛跟耐心。

爸爸是我們的靠山，不管他幾歲，我們還要跟爸爸學很多東西。爸爸的責任永遠不會減少。爸爸七十九歲了，還是每天跟我講很多我必須要做的事，偶爾一樣會唸我。爸爸們只希望孩子們變得更好。爸爸代表兒子的英雄，女兒的王子。很多女生結婚的時候希望遇到跟她們爸爸一樣的男人。我們所有人是看著爸爸的態度長大的，我們模仿爸爸、崇拜爸爸。他們是孩子的影子跟榜樣（role model）。

其實爸爸們的要求永遠不多。爸爸只希望孩子平安長大，變成一個負責任又獨立的好人，這就是送給爸爸最好的禮物。

爸爸的道德是孩子們的財富！

吳鳳的分享教育

問問自己——

你的夢想來自誰？

有誰的夢想會影響你？

什麼時候開始有夢想？

夢想是否一直都在改變？

越容易抱怨的父母，孩子越容易有負面情緒

我跟老婆剛認識的時候發現一件非常重要的事。就是她不管有多少工作壓力，每次都不會把工作壓力帶回家。所以每天我們見面約會時，天南地北聊許多開心的事情，因為她的這種正面態度跟處理壓力的方式，讓我更喜歡她，畢竟很少抱怨的人真的比較少見。

抱怨是每個人都會有的情緒反應，但把抱怨當成生活習慣的話就會發生問題。尤其是父母，孩子的很多習慣跟態度來自父母的行為，抱怨也是其中之一。在我們周圍，一定常常有容易抱怨的人，這種人通常不容易滿足，常常怨天尤人。

有一段時間，我也有過愛抱怨的過程。後來開始換個角度來看每件事——無法改變就接受它的存在，或者避免，結果狀況很快改善許多。

結婚之後，我跟老婆更特別注意不隨便抱怨。尤其當了爸爸，我常提醒自己不要在孩子面前抱怨。有些夫妻在孩子面前互相抱怨，久了之後，長大的孩子容易產生負面情緒。

「家庭」是孩子最重要的學校。

孩子從出生就開始受到父母的影響。如果孩子出現抱怨的行為，父母必須要了解原因，要好好聽孩子怎麼說。通常父母需要用正面的方式來幫助孩子解決負面的情緒。比如說，孩子抱怨下雨不能出門，父母可以說下雨帶來的好處跟一些與下雨相關的故事。

請記得，想要教養出正面的孩子，需要正面能量的父母。所以，從今以後少抱怨、多珍惜。

高ＥＱ的父母
才能培養出高ＥＱ的孩子

如果你路上隨便問一對父母，他們最想要孩子有哪個能力？我猜幾乎每對父母都會說：希望自己孩子聰明。這很正常，就像有時候我們看到新聞說某些人擁有高ＩＱ（智力）時，心中是不是都會默默地佩服起來？我記得小時候，報紙上常常有提供讓人測驗ＩＱ的試題。我每次測驗時都希望超過一百三十，因為一百三十以上就算是很聰明。如果有一百八十的話呢，那就是天才，一百萬人裡面只有一個人會有一百八十以上的ＩＱ。所以以前我們一直覺得高ＩＱ很棒！

但是到了九〇年代之後，很多專家開始強調新的能力比ＩＱ還更重要，那就是ＥＱ（Emotional Quotient，情緒智商）。也許高ＩＱ讓人很快解決許多數學、邏輯、語言的問題，但是不一定讓人擁有好的溝通能力跟社交技巧。因為溝通、領導能力、情緒管控、了解自己的優點跟缺點，這些能力的培養並不需要高ＩＱ，反而需要的是高ＥＱ。

哈佛大學的理論家霍華德．嘉納（Howard Gardner）說：「你的ＥＱ程度代表你有多少能力可以理解別人、激發別人，甚至和他們合作。」

根據研究，高ＥＱ的孩子較少會感覺到恐懼跟焦慮。ＥＱ高的孩子能夠更有效地管理他們的情緒和壓力，他們較能穩定他們的神經系統，所以他們能夠常感快樂和健康。

根據《富比士》（2013）的一篇報導，來自卡內基技術研究院的報告顯示（Carnegie Institute of Technology），百分之八十五的成功者是因為人類工程（human engineering）的技能，包括你的個性、溝通、談判和領導能力，只有百分之十五是由於技術知識（technical knowledge）而成功的。具有高ＥＱ的人能夠成為優秀的領導者和管理者，並且更擅長在團隊環境中協調。

有一句話我覺得讓人更容易理解ＩＱ和ＥＱ的差別：「ＩＱ讓人在大學考試考得好，但是ＥＱ讓人在真正的生活環境做得好。」

ＥＱ也跟所有其他家庭教育一樣，父母占有很重要的角色，也許有些孩子天生ＥＱ能力比較高一些，但ＥＱ是可以被訓練、培養的。ＥＱ高的孩子長大過程中，更容易把握機會，更容易認識自己，而且根據研究，ＥＱ高的人比較少有用毒品的壞習慣。最近一名台灣留學生在美國揚言校園恐攻，就是ＥＱ不夠好的例子。不然ＥＱ夠高的話，他會更容易理解對方的恐懼跟可能造成的後果。

另外，一定要強調的是父母的重要性，因為ＥＱ的教育需要高ＥＱ的家長。如果父母在家常有衝突、吵架的話，很難培養出高ＥＱ的孩子。一定要記得，唯有心理健康的父母才會培養出健康的孩子（mentally healthy family can raise healthy kids）。

以下我想分享專家的建議跟方法，和自己的教育方式。

我第一個大學念的是旅遊管理，這是最需要EQ管理的行業之一，再加上當過導遊，所以我比較容易從不同的角度看事情。也因為希望女兒有更多的思考角度跟管控情緒的能力，所以我盡量花時間陪伴她，比方說一起體驗傳統的遊戲、多傾聽她說話，也讓她參與我的一些工作，像是演講等。這樣她更容易接觸很多人，比較容易培養自信，也會更願意認識新的環境。另外，因為我是一個表演者，需要有注意力、觀察力、想像力，所以在家裡，我也盡量創造新的遊戲給女兒玩，讓她自由發揮心裡面的世界。我每次問女兒的心情時，她會用表演的方式來告訴我覺得怎麼樣。因為我跟她講土耳其話，所以她的表達方式跟台灣的孩子不太一樣。加上她最近慢慢接觸英文，所以有時會用簡單的英文單字來告訴我，她現在是happy（快樂）、sad（難過）還是angry（生氣）。我覺得很有趣，兩歲半的孩子這樣表達自己，其實是一個最基本的ＥＱ能力。

接下來想要給大家四個如何培養高ＥＱ孩子的建議：

一、**讓孩子認識自己的情緒**

孩子們開始認識不同情緒的時候，更容易了解和控制自己。不管他們是難過還是生氣，可以問他們的感覺，讓他們可以學習表達情緒。感受到好的情緒時也是一樣，他們要慢慢可以分辨不同情緒的差別。

二、**要跟孩子說出自己的情緒**

這個也很重要，例如今天買了一本很想看的書，或者享受到一本好書，可以跟孩子分享這件事的感覺，讓他們體會一下。但如果自己心情不好或者生氣的時候，千萬不要遷怒到孩子身上。

三、**讓孩子認識，發現家裡的情緒**

孩子們也要發現家裡的不同氣氛。例如有親戚來的時候很歡樂、很熱鬧，但是星期天晚上大家離開後突然就覺得很失落。可以跟孩子討論差別。我小時候很容易發現這個，因為每次親戚一離開我們的家，我就覺得快樂的時光結束了，特別會感到難過。那個時候我爸爸會安慰我說，親戚會再來，不用難過。

四、教孩子不同地方的情緒

不同場所也有不同的情緒，不同季節也帶來許多不同的感覺。孩子們要學習這些不同的來源跟自己的感受。也許可以問孩子們最喜歡哪一個季節，為什麼？讓他們發揮自己的想法跟感覺。這樣孩子們可以多注意到不同的情緒。

一句話可能阻塞孩子的路

有一天，我跟老婆遇到一位老太太帶著孫子。我跟她說：「孫子很可愛。」她馬上回說：「沒有啊！他很笨，現在還不會走路，不像你女兒一歲就會走路。」

瞬間，我有點呆掉，不知道要說什麼……

那個小男孩才一歲左右，在陌生人面前被罵笨，實在不是很好的一件事，而且老太太重複說了兩、三次。無論如何，父母或者長輩還是不要說自己孩子笨！

也許那位老太太不是故意的，或者她自己也覺得沒什麼，但是小孩的心理是脆弱的。不要以為他們聽不懂，一句話都可能讓他們一輩子忘不了，尤其把兩個孩子一起比較也不對。每個孩子的發展速度不一樣，有的人發育比較慢，比較晚走路，有的人比較安靜不愛說話，也不代表那是有問題。

小時候我數學不好，但從來沒有聽過爸爸說我笨，或拿我跟其他人比較。不是每個小孩都很快培養自己的興趣，有些小孩一旦開竅後甚至遠遠超越其他人。所以並不需要給孩子任何壓力，一旦家長給了壓力，可能對孩子造成負面的影響，反而讓他們放棄學習，或排斥本來有興趣的事。

其實教育最基本的概念，應該是讓孩子感受到父母的支持跟鼓勵。因此我們必須花時間認識自己的孩子，知道他們的興趣跟優點。當孩子遇到挫折的時候，要同樣花時間鼓勵，讓他們了解失敗也很好。

社會上哪個成功的人不是經過各式各樣的困難，才能最後達到目的？

身為爸爸，我希望大家多鼓勵自己孩子，少抱怨他們的表現。教育是一輩子的事，千萬不要很早就阻塞自己孩子的路。你的一句話會改變他們的未來，但，一句話也有可能破壞一切。

家庭暴力會毀了一個孩子

最近在台灣發生許多家暴跟虐待兒童事件，而且最可怕的是還有很多隱藏案件沒有被通報，很多父母（包括我）都開始擔心有一天自己的孩子也有可能遇到一樣的問題……

我的想法是除了政府宣導正確的觀念及通報途徑外，父母親也要注意對孩子的態度。如果家庭的根本教育沒有建立好的話，社會永遠沒有辦法解決暴力跟虐待兒童的問題。新聞報導說有一個爸爸打自己的孩子，只因為孩子買食物忘記加辣；托嬰中心的老師施暴，卻說是自己情緒失控，這樣的藉口任何父母都不能接受。每一個照顧孩子的人，不管是父母、老師，都應該謹記，絕不能把孩子當成發洩壓力或者排除憤怒的道具。

國外專業的育兒網站「ASK Dr. Sears」提到父母打孩子並不能解決任何問題，反而會造成孩子心裡一輩子無法忘記的負面回憶，而且還會讓孩子失去對父母的尊重跟信心。另外，責罵孩子用的句子更是關鍵，英文叫做「Emotional Abuse」（情緒虐待）。也就是我們跟孩子溝通的時候，要很注意用的句子，不要隨便威脅他們，或者說一些負面絕望的話。譬如「如果你不乖就不要你！」，千萬不要說這種話。

孩子把父母當成榜樣來模仿，每一個行為都會被孩子學起來。如果父母感情融洽，孩子個性也會比較溫和；如果家裡常常有衝突跟暴力的話，孩子容易變成不快樂的人，也有可能會培養不好的習慣（像喝酒，吸毒等等）。很多犯法的人，幾乎都有家暴或虐待事件的家庭背景。

我一直覺得自己是一個很幸福的孩子，爸爸常說，他從沒有打過我跟妹妹。

這是很重要的一件事，他從來沒有用暴力方式解決問題。當我做錯事時，他會責罵我，但完全在一個合理的範圍內。每次讓爸爸生氣的時候，他會跟我解釋原因，對我來說就是一種學習。但是我一些朋友就沒有我這麼幸運了。他們有的常被爸媽打，甚至還用皮帶抽打……這些人的成長過程應該很容易有心理問題或是有難以克服的壓力。

除了把自己的家庭照顧好，也要很仔細觀察孩子在學校及其他接觸的環境。政府也必須增加宣導，增進人們對預防家暴跟虐待兒童的相關知識，國外這方面的廣告跟宣傳還滿多的，台灣也可以增加這方面的教育。

雖然這不是我的專業領域，但是法律上的制訂也要很清楚。家暴跟虐待兒童在國外都是很嚴重的犯罪行為，所以懲罰非常重。

最後更要培養孩子百分之百的信任感，讓孩子在遇到暴力問題時，不要害怕說出來，我們才可以全然保護孩子。

吳鳳的分享教育

花時間
認識自己的
孩子，
→
知道他們的
興趣和優點。

花時間傾聽
孩子的
想法和感覺，
→
觀察他們
在不同場所的
不同情緒。

花時間培養
孩子的對你的
信任感，
→
當他們遇到
任何困難不怕
說出來。

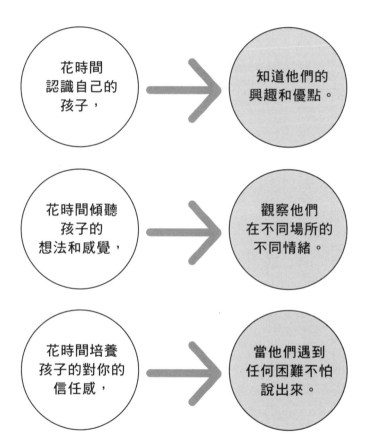

全能的父母養出無能的孩子

「全能的父母養出無能的孩子」，這句話我絕對相信！有許多父母不斷地干涉孩子，幫孩子發言，什麼事都幫孩子做好做滿，結果導致孩子沒有能力，也無法發揮自己想要做的事。

妹妹全家人來台灣玩的時候，有天早上我們搭電梯要到一樓，不小心電梯門關起來了，但她的兒子沒有跟上來。結果妹妹馬上開始擔心孩子怎麼辦？她本來想上樓去接兒子……我覺得這太誇張了，我問她，十歲的男生不會自己搭電梯下來嗎？她說，她的孩子不行！

我跟她說，妳太小看自己的兒子了，這樣做沒辦法讓他表達自己的意見跟想法，而且容易失去信心。我說，兩分鐘後他一定會下來。結果，兩分鐘後看見外甥開開心心地從電梯出來。

像妹妹這樣的父母是不是很多？孩子想要玩遊戲，父母馬上說不行，會受傷；孩子想要自己拿東西，父母馬上說不行，危險！結果最後都是父母幫孩子完成他自己應該完成的事。

外甥十歲了，有時不想吃飯，妹妹擔心他餓就餵他吃；旁邊坐著我三歲的女兒，她是自己在吃飯。看到這個畫面，只告訴了我們一個事實：孩子們並不是那麼脆弱，該幫忙的時候一定要幫，但是千萬不要一切都做好。妹妹說她要餵我女兒，我說不用，讓她自己吃就好！

女兒一歲多時，我們讓她自己練習剝蛋殼；兩歲多，她開始自己剝橘子。不是她多厲害，而是我們發現她有興趣，就放手讓她自己去嘗試，我們在旁邊觀察。她需要幫忙時，或是她做到之後就鼓勵她。還有像穿脫衣服和自己洗澡這些雖然都是生活中的小事，但她開始享受自己完成一件事的成就感。

在國外旅遊的時候，我也讓她學習舉手叫計程車，和外國人互動（不一定要真正對話，玩小遊戲都可以）。所以雖然她才三歲多，但明顯感覺到她很勇於表達自己，不怕與人互動。我是一個喜歡讓女兒自己判斷自己能力的人，我跟老婆則是在旁邊觀察她的反應跟動作。

如果父母不相信自己的孩子，不願意放手讓孩子自己去做，那他們永遠都是小嬰兒。以後孩子無法獨立，千萬不要怪別人，因為父母把孩子該做的事、該下的判斷都做完了。

吳鳳的分享教育

如果父母不相信自己的孩子，

不願意放手讓孩子自己去做，

那他們永遠都是小嬰兒。

以後孩子無法獨立，千萬不要怪別人。

擺脫黑臉白臉的刻板印象

有一次聽到台灣父母在聊天，他們會問：「在家中你是扮黑臉？還是白臉？」一開始我不太明白這是什麼意思，後來老婆解釋給我聽，我才知道原來因為父母教養孩子的方式不同、標準不同，通常一方較溫和，一方較嚴厲，而會產生「黑臉白臉說」。英文裡面也有類似的意思：Good-Cop, Bad-Cop Parenting（好警察壞警察教養策略）。

這個情況其實也會出現在西方社會，例如媽媽說：「如果你不乖，我就告訴爸爸！」其實這也是把爸爸當成一種黑臉的角色。或者媽媽在家裡是主要照顧者，天天在家陪孩子，也因此常常會凶孩子。晚上爸爸下班回家後，才有空跟孩子相處，就只負責跟孩子玩遊戲，結果孩子覺得爸爸是玩遊戲的人，媽媽是很凶的人，媽媽就會變成黑臉的角色。

■黑白臉的角色扮演會讓孩子搞混家庭狀況

扮演黑白臉讓有些父母覺得方便管理，但時間久了，孩子會對爸媽產生一種刻板印象，這種刻板印象會妨礙正常的親子關係。例如：孩子有事可能只會跟白臉說，跟白臉的關係也可能從依賴變成耍賴，黑臉慢慢被疏離，跟黑臉的關係就可能變成消極抵抗。

我自己是沒有經歷過這樣的差別教養方式，也不覺得需要這樣的角色扮演，畢竟我們不是在拍電影。

教育應該是父母一起進行的，一個健康的家庭不需要黑臉、白臉的角色。最重要的是，爸爸跟媽媽一起努力創造有愛跟彼此尊重的空間。

我們父母的每一個行為都必須經過大腦後再表現出來。我們面對的是一個小孩，他們有時候比較敏感，所以更容易受到影響。而且孩子們不斷地觀察、模仿我們，因此不管我們好的或不好的行為，都很容易被他們學起來。

我常閱讀很多教育相關的書跟文章，但全部都是參考用的，不是一定要用在自己的生活上。因為我一直覺得，最好的教育是爸媽自己依照孩子的獨特性而創造出來的。

我們家沒有什麼黑臉跟白臉的角色。我跟老婆互相溝通，我有我的方法，老婆有自己的想法，但是我們都會找出一個共同點來教養女兒。

教育這件事是要爸媽一起合作來進行的。爸爸要有想法，媽媽也是，但是最後要把兩個人的方式融合在一起，做出適合孩子的方式才是正確的做法。

■父母的角色就是分工合作

畢竟大家的目標都是一樣的：幫孩子準備未來。所以這個過程中我們父母不斷地努力，讓孩子慢慢認識世界，培養孩子良好的個性跟獨立的思想才是重點。

這裡有四個來自國外的建議，如何避免黑白臉的父母產生。

一、**在家中，爸媽可以適度分配工作**。例如，妳是一個沒有上班每天陪孩子的媽媽，那麼晚上刷牙、陪孩子睡覺、講故事等等就交給爸爸來負責。

二、**爸爸媽媽必須要有共同的標準**。譬如說，媽媽禁止讓孩子吃冰淇淋，不過爸爸一直讓孩子吃冰淇淋的話，很明顯地媽媽自然而然變成黑臉。所以要一起溝通、一起分清楚孩子可以做什麼、不可以做什麼。

三、**爸媽訂的規矩要一樣，才有辦法不造成衝突**。例如，在家九點之後關燈，讓孩子睡覺，或是早上一起吃早餐等等。家庭有一定的規矩，孩子也會習慣這樣的環境。不需要靠誰扮演凶角色來處理，規矩清楚的家，沒人需要當黑臉白臉。

四、爸爸媽媽一起找時間跟孩子玩。不是一直媽媽陪玩，或者爸爸一直帶孩子玩。千萬不要忘記，健康的家庭很多生活責任都是一起分配的。

孩子的「優秀」不用經常掛在嘴邊

父母們群聚在一起時，話題常常圍繞在孩子身上。這個爸爸誇獎孩子的英文比賽得獎，那個爸爸說孩子的鋼琴已經到了進階程度；那個媽媽說孩子的英文演講比賽拿冠軍，這個媽媽說孩子是全校第一名……自己的孩子優秀突出，父母會感到特別驕傲，但如果這種不斷誇獎變成過度比較，不管大人或小孩無形之中都會造成壓力。

其實最好的交流不是讓對方覺得自己孩子「很優秀」，我相信所有的爸媽都希望孩子成功，但若陷入「比較」與「炫耀」的模式中，過了一段時間，孩子會覺得自己是爸媽比賽用的道具。

在孩子的學習過程中，最重要的是引發孩子的「興趣」，而不是達到父母要的「結果」。

在土耳其我們會說，這是「把孩子當成賽馬一樣在準備未來」；也許孩子真的很會比賽，但是除了比賽之外，什麼都不會！

炫耀，暫時讓父母覺得很有面子，但孩子長大出社會後，才會發現一切都不一樣。搞不好每天在公園玩樂的同學可能更成功！

沒有完美的父母，只有不斷學習的父母

我們常聽到老師向父母告狀，但父母向老師告狀，可能只有我……

事情是這樣的，有好幾天因為女兒太愛玩，結果晚上仍然活力旺盛不睡覺，但其實她已經很累了開始亂發脾氣，甚至亂咬人……這種狀況已經連續好幾個晚上，我試圖好好跟她溝通，但完全沒有用。她還是繼續胡鬧，發脾氣，實在無技可施了，我告訴她：「如果妳再這樣，爸爸要去跟老師講。」（女兒目前在幼兒園的小班）她聽到的第一個反應是，不要告訴老師！

晚上女兒還是一樣故態復萌，狀況並沒有改善。第二天我帶她去幼兒園的時

候，因為太生氣就直接跟老師告狀，說女兒在家不乖……結果女兒馬上哭了，而且還生氣地踢我的腳。那個時候我突然發現，不應該這麼做，但是已經來不及了。

回家後，我跟老婆分享這件事，她說：在老師面前告狀，會讓孩子很沒有面子……每個孩子都想在老師面前當乖學生，尤其Ekim很在意自己的表現，女兒喜歡被誇獎，所以這樣做反而會有反效果，而且是不好的示範。老婆建議我：如果要跟老師討論孩子的狀況，應該是私下討論，不要在女兒面前。等女兒回家，要我先跟她道歉，告訴她爸爸做錯了，而且以後不會再這樣做。

放學去接女兒時我先跟老師聊這件事，老師也覺得女兒不希望在老師面前變成壞孩子。這時，女兒從教室出來了，看到我馬上給我擁抱，我很快地跟她道歉，說以後不會這樣做。從那天開始，女兒睡前沒有再亂發脾氣。

世界上沒有完美的父母，只有不斷學習的父母。這件事給了我一個經驗，讓我更了解孩子們的世界。父母也會犯錯，但不要怕錯，知錯能改對孩子更是一個好的學習榜樣！

給父母的十三條建議

這兩年半是我人生變化最大的時候，因為我自己當爸爸了！之前我爸爸總說，很多事是當爸爸之後才會懂，我現在慢慢了解他的意思。這兩年多來，我累積自己的經驗跟觀察，也建立屬於自己的教育方式，想分享給天下所有的爸媽們。

第一、尊重孩子：沒錯，他們也有很多不同想法。他們的每一個哭鬧或者發脾氣是有原因的。爸媽們要認真聽他們的聲音，讓他們表達自己的想法跟意見。孩子要感受到被尊重的感覺。我們先尊重孩子，再教他們尊重的重要性。

第二、不要比較：台灣很多爸媽愛比較，連一些老師也是。比較會讓孩子失去自信，沒意義，也沒有幫助。每一個孩子有不同特色跟優點，個性、興趣、體力等等都不一樣。你會把西瓜跟香蕉比較嗎？應該不會吧？兩個是不同的水果。小孩子也是。我爸爸從來都沒有把我跟其他人比較。不管表現怎麼樣，在他心目中我是永遠的冠軍。

第三、不要逼孩子：不要期待孩子馬上做我們要求的事！孩子不是機器。逼孩子做事讓孩子排斥更多事，完全不需要。有時候孩子抗議也是正常的。所有的孩子有自己獨立的個性。給孩子一個方向是好的，但絕不是一味要求孩子做我們想要做的事。

第四、家裡要有規矩：對於吃飯、睡覺、看電視的時間等等要有基本概念，不然一切都會很亂，孩子要懂家庭的規矩（這方面我還要多加油，尤其是到了該睡覺時間，最近我們在慢慢調整了）。

第五、不給孩子手機：對！不要！我再說一次！不要給手機！一些爸媽覺得孩子很愛哭鬧，給手機就沒事。也許手機讓他們平靜，但對眼睛不好，而且手機會讓他們變成新的低頭族！我到現在都沒有給，女兒自然也不會想要接觸手機。孩子需要跟家人互動，跟朋友玩遊戲。父母也要以身作則，控制自己用手機的時間。

第六、要有品質地陪孩子：大家都知道要多陪孩子，卻常常「無心陪伴」。我們跟孩子玩的時候，要盡全力投入遊戲裡面，認真當他們的玩伴。腦袋不要放在其他事上，玩遊戲就認真玩。孩子感受到了，他們會更開朗、快樂。認真玩遊戲二十分鐘比隨便敷衍陪孩子一個小時還更有效果。

第七、限制看電視的時間：國外的一個研究表示，孩子一直看電視，會影響他們的創造力跟發展。我女兒看電視卡通的話，最多三十分鐘，而且一個星期一至兩次。我們愛傳統遊戲，比看電視好玩多了。我們家不看電視，只是在網路挑合適的內容給女兒看而已。小朋友一天最多可以接觸兩個小時的螢幕。記得要好好調整家裡的電視時間，跟選擇好的內容。（推薦《臉書世代的網路管教：數位小孩的分齡教養指南》，詹姆士・史戴爾著。）

第八、在家裡不要吵架：千萬不要在孩子面前跟家人、另一半有大衝突。父母大吵會讓孩子受到影響。常常有衝突的家庭很難培養出心理健全的孩子。很多犯罪者或反社會人格的人，都是家庭缺乏愛、或有家庭暴力等問題。如果大人之間有衝突的話，千萬不要在孩子面前大聲地爭吵。

第九、不要當孩子的朋友，當他們的父母：孩子要知道爸媽很重要，也要尊重爸媽。爸媽嚴格的時候要嚴格，或者有時候必須要罵，但是不要過度。讓孩子信任你，知道你是他們最大的支持者。

第十、不要過度限制孩子：他們的世界很豐富，他們想要探索、想要玩，我們需要給他們空間去探險世界。但是在安全的範圍由自己發現大環境，我們在旁輔助就夠了。有時候失敗也是一種學習。父母的任務是提供孩子們要的自由空間，責任上還是要訂定規矩跟限制。比例好好調整是很重要的，有時候太自由也會帶來負面的影響。

第十一、家裡是最好的學校：上學很重要，但是不代表一切。家中要有愛心、耐心、溫馨的環境。不要把一切責任丟給學校。孩子不是工廠裡面的商品。依照他們的個性跟興趣，創造適合他們的教育環境。（推薦《讓孩子飛：別讓僵化體制扼殺孩子的未來》，肯・羅賓森著。）

第十二、要學會說No：孩子要知道可以做什麼、不可以做什麼。也要知道爸媽不可能給他們所有想要的東西，不要寵壞孩子。這是一個很基本的教育，我相信大家會同意。

第十三、愛自己：沒錯！為了要好好照顧家庭，首先必須要照顧好自己。不抽菸、少喝酒、多運動，才能陪孩子們更久。我們是孩子的role model（榜樣）。如果我們的生活方式跟習慣不好的話，怎麼可能要求孩子表現得好。他們向我們學習、模仿我們。如果父母照顧自己，孩子也會學習照顧自己。

世界上沒有一個人或者一本書會告訴你怎麼當個好父母，這些只能輔助你，讓你參考而已，爸媽們要自己確定最適合自己孩子的教育方式。好的父母不是一天內完成的，而且也沒有一個完美爸媽。英文有句話我很喜歡：「Don't be a perfect parent, be a good enough parent.」（不做完美的父母，做足夠好的父母）我也是為這個目標加油！

Part 02

人生這艘船，讓孩子自己當船長

他們很小，所以不懂？不，其實他們比我們想像的厲害

我們搬家了，孩子們的學校跟生活環境也都變了。這是我們全家第一次經歷這樣的變化，所以一開始也擔心孩子會不會有適應上的問題。如果你遇到生活環境有變化的時候，要如何與孩子們溝通？

我的做法是，先跟她們解釋為什麼要搬家？在搬家之前常常帶孩子去新的社區走一走，跟她們說明新環境的優點等等，這樣孩子會開始慢慢理解和接受這個變化。

為什麼對於即將改變的生活環境要這麼清楚地跟孩子溝通呢？有的父母覺得孩

子還小不懂，但是千萬不要這樣想，他們可能比我們想像的還厲害。

我記得老婆跟大女兒解釋一些新家的故事，問Ekim會不會擔心沒有朋友？Ekim立刻回說：沒關係，新學校我可以認識新的朋友。我記得一些朋友搬家時，他們的孩子會抗議，很不想要離開原本生活的環境跟學校，陌生的環境讓孩子產生不安。相較之下我們順利來到新環境，孩子並沒有抗議，最大的原因應該是我們事先跟孩子溝通，並常常帶她們接觸新環境，成為非常主要的關鍵。

就像我妹妹一開始很怕Ekim回土耳其後不習慣土耳其食物，但是Ekim非常開心地享受所有的美食，包含酸奶、烤肉等等。我想最大的原因應該是我常常做土耳其料理給她們吃，而且講土耳其語，Ekim自然而然接收到土耳其語，自然而然土耳其語就越說越好，妹妹Inci現在才一歲多，也一樣聽得懂土耳其語。

我建議所有父母讓孩子獨立生長，不要限制太多。

我和老婆都有一個共同原則，就是不要限制或壓迫孩子太多。不給她們壓力或逼迫她們去學什麼。更重要的是和孩子之間密切地溝通。轉學之前，先帶她們認識新學校，讓她們理解新環境的優點，引起她們對新環境的好奇。我們買房子的時候也是一起去看房子，甚至跟仲介談判時孩子也在身邊，也讓她們偶爾參與裝潢的過程。經過這些討論和參與，孩子跟我們一樣，對新環境有了好奇心跟熱情。

這是我們一些小小的經驗，希望幫助所有父母。不用害怕人生中任何一個變化，更不要以為孩子還小不懂，不論孩子多大，你都必須把孩子當作一個獨立個體來對待。

吳鳳的分享教育

Q：如果你遇到生活環境有變化的時候，
要如何與孩子們溝通？

A：

過度限制帶來成長障礙

我相信大家常常聽到父母叮嚀孩子「不要走太快會跌倒！不要爬樹會危險！不要拿剪刀會切到手指！」等等。也許有些人覺得這些話都是對的，但我個人的想法是，過度限制孩子，對他們的成長一點幫助都沒有，反而可能影響到他們的表現。

老婆最近在粉絲專頁上寫了一篇文章引起很大的迴響。文章提出如何給女兒剪刀，讓她發揮屬於自己的創意。大部分媽媽會覺得給剪刀很危險，不要給最好，但是老婆先教女兒怎麼用剪刀，然後陪她一起玩，之後女兒自然而然開始用剪刀。而且用得比很多七、八歲的孩子更標準。現在她用剪刀剪自己的指甲。如果一開始老婆嚴厲限制女兒，可能她會更好奇、更想要使用看看，等到有一天真的拿到剪刀後，反而不知道正確的使用方法，變得更危險。

我每次帶女兒在外面玩遊戲的時候，遇到很多父母不斷地跟孩子下命令，孩子幾乎沒有機會發揮自己的能力。有的父母直接把手機跟平板給孩子玩，孩子被鎖在螢幕裡的世界，導致不少孩子不到六歲就戴眼鏡。

身為爸爸，這方面我想要用我爸爸的方式來教養自己的孩子。爸爸從來都沒有限制過我，相反地他一直鼓勵我做不同的嘗試，因為限制是孩子成長過程中一個很大的障礙。我建議在一個安全的範圍裡，讓孩子自己接觸大自然，有時候跌倒、失敗都是學習。

我們兩年前帶大女兒去七個國家旅行，很多爸媽說孩子很小，會感冒、很危險、很難控制。我跟老婆完全都不怕這些，因為孩子在我們旁邊可以很安全地玩，我們可以讓她看世界，這才是最大的學習機會。雖然她很小，但是小時候學的事會一輩子留在她的腦海裡。結果女兒兩歲的時候接觸零下九度的天氣、冰島的大風、克羅埃西亞的太陽！現在她看照片還會和我討論這是哪裡，如果當時我聽那些限制我們的人的話，可能我只能在大安森林公園讓女兒玩溜滑梯而已！

其實我們不要小看小孩子的能力，給他們一個對的環境，他們的表現會超乎想像。我記得在比利時的時候，兩歲多的女兒幫我叫計程車！我搭飛機的時候如果害怕，她說會照顧我！一切都是因為我們不限制她。現在她知道什麼是危險，什麼可以玩，而且我們還是會在她的旁邊仔細觀察她，不讓她接近真正危險的事情。

限制孩子永遠不能解決一切。

吳鳳的分享教育

建議在一個安全範圍內，

讓孩子接觸大自然，

有時候跌倒、失敗都是學習。

不要「比較」，每個孩子都是獨一無二

某天在遊樂區，一名熱心的路人看著我的小女兒說她好可愛，然後轉頭對我的大女兒說：妳小時候有跟妹妹一樣可愛嗎？

我知道，其實這位先生並不是故意的，只是這種不經意的比較，對孩子來說不僅沒有好處，更容易造成傷害。

大人們很常忽略一件事，我們對孩子所說的每一句話，或任何一個動作，他們都會記得一清二楚。這種「比較」的話語，會讓孩子失去自信，尤其被比較的孩子更容易被激怒而發脾氣。如果父母在家裡常常以比較的標準來對待孩子，他們可能會產生錯覺，覺得爸媽不愛他，長大之後做事更容易失敗。

「比較」真的不是好事。

有時候在台灣我也常被問「你的孩子有沒有學英文?有沒有開始學樂器?有去上才藝課嗎?」等等問題。最大的原因是台灣父母怕自己的孩子一開始就輸別人，結果造成教育像賽馬一樣。大家拚命補習、學才藝、上英文課等等。

我知道「比較」的心理很難改變。

之前我跟老婆說過幾次：「妳看妹妹很乖。」後來我發現這句話也不對，因為說了「妳看妹妹很乖」，姊姊會覺得妹妹更好，自己不好，這樣會造成反感同時也可能覺得爸媽不夠愛她。

當父母也是一種學習。我們每天學新東西，等於跟著孩子再一次同步長大，所以我們的教育跟反應也會變。每個孩子是獨立的個體，好好引導至對的方向，這才是最珍貴的教育。

別讓孩子什麼都要，什麼都拿，這樣孩子很難成為一個快樂的人

我相信很多父母（包含我）常遇到孩子不聽話，或者會用哭鬧、使性子控制爸媽。如果父母一開始讓孩子得逞的話，恐怕以後很難改回去，因此我們都要好好教孩子聽懂「不」的意思！

有一次在土耳其，我們全家去購物，大女兒當時兩歲左右。她看到粉紅色的背包，跟我說她想要，我說不行，因為已經有背包了。結果女兒開始發脾氣，一直哭鬧。剛好旁邊有一位阿姨說，我做得對，讓她哭也沒關係，不然馬上買她要的東西，以後她會用同樣哭鬧的方式讓你投降。那一天我在旁邊不理她，女兒哭著、哭

著，最後她起來要我擁抱她，我利用機會跟她解釋為什麼我沒有買那個背包，當天我跟老婆好像都上了寶貴的一課。

不過有很多爸媽，因為不想要孩子哭鬧，所以馬上買孩子想要的東西，養成習慣後，孩子知道，只要鬧脾氣爸媽就會屈服，得到自己想要的東西，結果孩子就被寵壞了。

父母都要知道，跟孩子說「不」非常重要。

土耳其的教育專家說，跟孩子說「不」，也是讓孩子學習自己的能力是有限制的，以後就會比較有自信。否則孩子什麼都要，什麼都拿，永遠都不夠，孩子很難變成一個快樂的人。有時候女兒哭鬧時，我也想要投降，不過這時老婆馬上出來說「不」，千萬不要心軟，最後女兒自己來跟我道歉。

提供給大家參考，來自土耳其專家心理醫師Ay e Yanik Knudsen的五個建議：

一、**要拒絕孩子，跟他們說「不」的時候，一定要表達清楚**。孩子必須要知道爸媽是認真的！

二、**父母對於「不」的事情，要堅持原則**。比如說，一天只能看二十分鐘的電視，或者孩子不能玩手機。這些規則永遠都是「不」的狀況，不能改。

三、**爸媽說「不」的時候要有自信，不就是不**。必須要讓孩子感受到爸媽嚴肅的一面。很沒原則地說不，只會造成孩子更想抵抗。

四、說「不」的時候必須要看著孩子的眼睛。也要講孩子聽得懂的話。

五、**孩子開始懂「不」之後也要鼓勵他們、誇獎孩子**。比如說，孩子想要買糖果，爸爸說「不」，因為糖果對牙齒不好。孩子確定不買的時候，可以說：很棒，牙齒以後會更健康。

吳鳳的分享教育

跟孩子說「不」，

也是讓孩子學習自己的能力是有限制的，

以後就會比較有自信。

否則孩子什麼都要，什麼都拿，

永遠都不夠，

孩子很難變成一個快樂的人。

帶孩子了解你的工作

小時候爸爸開了一家賣汽油、幫人洗車的小店，他常常讓我參與他的工作，讓我知道工作是什麼，以及在工作中的人際交流溝通。記得每次幫忙爸爸成功地完成一件事時，他都會誇獎我，還給我賺一點點零用錢，讓我很有成就感，也慢慢培養起我的責任感。

帶孩子了解你的工作，是培養孩子獨立自主很好的開始。可惜現在很多父母只擔心孩子太累，或者只重視功課表現，其實孩子除了功課之外，還有很多事可以做，尤其認識真正的生活需要實際的體驗。小時候奶奶家有蘋果園，我們會一起採蘋果然後到市場賣。每次把蘋果賣光光，回家的時候我特別有滿足的感覺，像這樣的體驗是學校裡學不到的。

不過讓孩子參與工作也有一些規則。畢竟孩子不是大人，不能給他們超乎年紀的工作，不是逼迫孩子一定要做，而是要自然地讓孩子參與工作過程。

爸爸的教育方式讓我參與他的工作，同樣我也想讓女兒跟我一起接觸工作。我希望這樣的體驗，可以讓她了解真正的生活跟父母的辛苦，這樣她會更懂感恩這件事。

大女兒跟過我上舞台，也會拿麥克風講幾句話。對陌生人不害怕也不怕表達自己。當然我從來沒有強迫她一定要怎麼做，有的只是她自己想要體驗我的工作而已。

因為我代理了土耳其的天然果汁，女兒想跟我一起參加試飲活動。當天我在介紹果汁的時候，她主動拿了很多杯子一個一個請客人喝。我看到她用心幫忙的畫面覺得很感動，她還推薦給大家不同的口味，也因為她的介紹，讓更多人認識了土耳其果汁。女兒的表現讓我想到小時候自己到爸爸的工作場所幫忙的日子。

如果父母要孩子建立責任感的話，必須在自然而然的情況下給孩子選他想要做的事。孩子比我們想像的更有想法、更有能力。過度保護孩子或者只注意功課，反而限制了孩子的發展。我希望孩子自己決定想要做的事，他們不一定要做得好或完美，但在家一起洗碗、整理衣服、打掃家裡都是教育的一部分。用正面的方式鼓勵孩子，並一起執行各式各樣的任務，你會發現孩子更成熟、更有自信。真正的教育不是在學校學的，而是在家學的。

吳鳳的分享教育

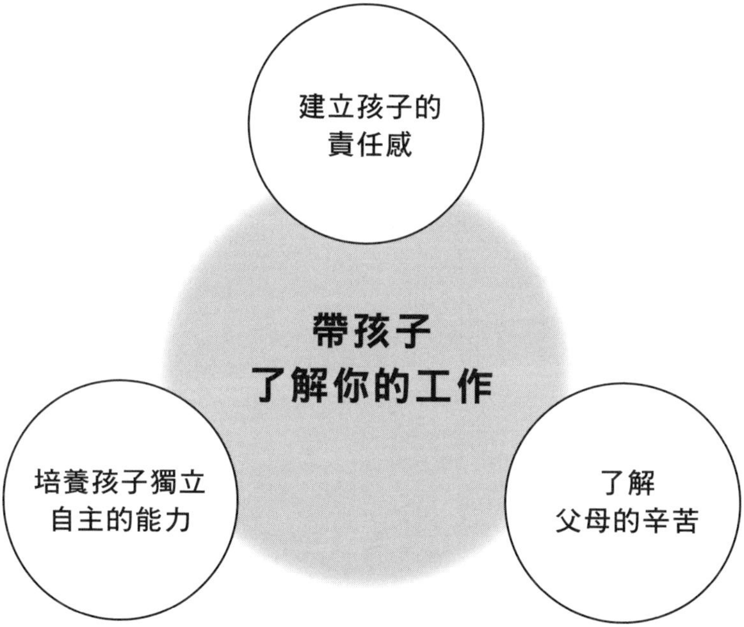
建立孩子的
責任感
帶孩子
了解你的工作
培養孩子獨立
自主的能力
了解
父母的辛苦

孩子的未來
最終還是讓他自己決定

很多父母擔心自己的孩子會養成不好的習慣，因此直接限制孩子不可以做這個不可以做那個，不過有時候太多的限制反而造成反效果。我認為最好的方式應該是讓孩子自己判斷好跟壞之間的差別，這也是我爸爸給我的教育方式。

八歲的時候，有一天我很好奇地問爸爸：紅酒是什麼？我想要喝可以嗎？沒想到這樣一問，隔天爸爸帶了一瓶紅酒給我看，他也倒一點點在我的杯子裡面，讓我自己嘗試看看喝紅酒的感覺。我拿著杯子輕輕啜了一下，覺得味道酸酸的，但其實並不是很喜歡。

爸爸跟我解釋喝酒對身體不是很好，不過偶爾跟朋友喝一杯沒關係，但也要等到成年之後。他還告訴我：「你可以喝酒，但是如果因為喝酒而搞壞身體不要來找我。」他從來都不是用限制的口氣，而是告訴我好跟不好的結果，他讓我自己決定。

抽菸也是一樣。他說想要抽菸就去抽，但是因為抽菸而生病不要怪他。其實爸爸想要說的話很簡單，人生的過程中必須要自己做決定、對自己負責，人生是自己的不是他的，更不是別人的。爸爸可以從旁支持鼓勵，也會讓我知道好跟壞的差別，但是爸爸從來不幫我決定未來。

現在我已經三十九歲了，不喝酒也不抽菸。如果爸爸當時一直限制我，或者不斷地責罵、懲罰我的話，搞不好我會更想去嘗試抽菸跟喝酒。

禁止、限制、壓迫的方式，從來都不是好的教育方式。

爸爸一直認為過度限制孩子，有時會阻擋孩子的發展，或影響他們的自信。所以他以自由而嚴肅的方式提醒我們壞習慣可能造成的結果，他很有智慧地在限制與自由之間取得平衡。雖然這個方式不是很容易，但是爸爸做到了。我相信他的這個教育方式也會幫助到其他的父母，包含我自己。

吳鳳的分享教育

爸爸給我的教育方式，

是讓我自己判斷好與壞之間的差別。

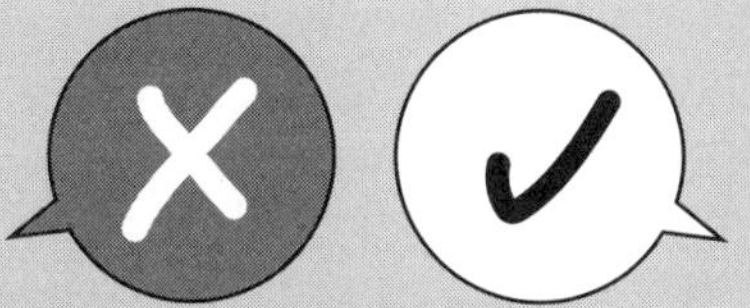

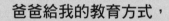

人生這艘船，讓孩子自己當船長吧！

當我十六、七歲的時候，有一天爸爸對我說：「我觀察你一段時間了，我覺得你不會成功！」

「怎麼可能？」我非常驚訝爸爸會這樣對我說。

我反問：「我學校的成績都不錯，為什麼不會成功？」

爸爸說：「讀書這件事大家都會，學習的成績只是留在考卷上而已！你從來都沒有跟我說過，你對於未來的希望跟夢想。很明顯你沒有一個方向，就像是沒有方向的一艘船。」

聽完爸爸的話，我好像撞到一座冰山一樣。沒錯，之前我沒想過未來這件事，我只是想活在當下，安慰自己我只要讀書就夠了。

爸爸說：「你是自己人生的船長，我會幫你，給你錢、讓你讀書，但是我無法幫忙規劃你未來的每一個細節。你負責自己的未來，我是你背後的力量、照顧你的人，但夢想是你給自己的，我不會給你！」

夢想是自己給的？

那一天晚上我失眠了……

爸爸說的話一直在我腦海中迴盪，我想了又想，過了一段時間後，我決定了第一步——開始學「旅遊管理跟語言」，在土耳其或者歐洲，學旅遊管理的第一個要務就是要學語言。尤其是德文，因為在土耳其，有相當多德國跟奧地利的觀光客來旅遊。「旅遊管理與語言」這是一個特殊的科系，而我考上的大學當年在土耳其是唯一一個專門教德文，同時又教旅遊管理的科系。當時我如果有德文的能力等於更容易找得到好工作。因此我覺得學好德文再加強旅遊管理的知識的話，我就會變成很有工作能力的年輕人。畢業後離家到很遠的地方實習。半年後回到家，那是我第一次靠自己賺錢，也是第一次很清楚知道自己接下來要做什麼。

從一九九七年到現在，我永遠記得爸爸說過的那段話，一直影響我到現在。因為爸爸的教育，讓我更確定身為父母，我們能做的事是支持自己的孩子、幫助他們找出自己的夢想，教他們對自己的未來負責，而不是幫他們規劃好將來的路。你的孩子不是你的，你規劃的路不會讓他們快樂，只有讓孩子做自己的主人，他們才能享受真正的快樂！

吳鳳的分享教育

教孩子對自己的未來負責，

幫助他們找出自己的夢想，

而不是幫他們規劃好將來的路。

犯錯沒關係

爸爸曾對我說：「我是你爸爸，人生中會不斷地支持你，但是如果有一天，你因為自己的原因犯錯，我不可能因為你是我的孩子還繼續支持你！所以你做任何一個行為之前要好好想一想！」

爸爸這段話我一直記在心裡。

很多父母太寵自己的孩子，甚至孩子明顯犯錯時，他們不會責怪孩子，認為一定都是別人帶壞他們！最常聽到「我孩子這麼乖」「我孩子高學歷」「不可能會犯錯」「一定都是別人帶壞」「交到壞朋友」諸如此類的。

當孩子犯錯時，父母一定要先了解狀況，找出原因再判斷是非。尤其當孩子已經成年，思想完全獨立，如果他真的做錯事甚至犯罪，父母不能找各種理由和藉口怪罪其他人。

這種觀念必須從小開始教育。

如果爸媽在孩子很小開始，就一直以為自己孩子最棒、最完美，絕對不會犯錯，也灌輸孩子這種觀念的話，那麼這種孩子更有可能敢犯更大的錯！畢竟孩子已經不怕父母，孩子會產生一種「不管我做什麼」爸媽都會支持我的心理！久而久之，養大了孩子內心無法無天的概念。

我們當然很愛自己的孩子，更不希望他們犯錯，想要一直照顧他們。但在教養過程中，我們要讓他們清清楚楚地了解什麼是公平正義？什麼是對、什麼是錯？否則小時候就用「怪別人」的方式來保護孩子，孩子長大後自己也會用同樣的態度來面對問題。

培養出感情好的兄弟姊妹

自從家裡有了老二之後，最常被問的問題就是：Ekim會吃醋嗎？一開始老婆懷孕時，有很多人提醒我們要注意這個問題。和老婆討論及聽了一些專家建議後，我們覺得第一件要做的事就是：不能突然就讓姊姊覺得多了一個妹妹，或是有些事情因為有妹妹而明顯地改變；更不要覺得小孩還小，什麼都不懂，其實孩子的感受是很敏感的。

老婆還懷孕時，我們超前部署做了幾件事：

一、隨時跟姊姊溝通，媽媽肚子裡有個小生命，是弟弟或妹妹。

二、帶著姊姊一起去產檢，讓她也知道媽媽懷孕這個過程。

三、等媽媽肚子越來越大時，讓姊姊跟肚子裡的妹妹說話（若已確定名字或性別，就可以直接稱呼，比方說：妹妹，我是妳的姊姊……之類的）。

四、藉機讓姊姊明白，她也是這樣來的。

以上這些做法，都可以讓身為姊姊或哥哥的孩子更感同身受。

一直到老婆要臨盆時，我也特別去買了一個禮物，說是妹妹送她的。在月子中心時，我們也讓姊姊一起睡在那邊（如果家裡有人可以幫忙，不一定要過夜，但絕不要讓姊姊覺得媽媽消失了）。

我也常常想起以前爸爸的做法。

爸爸對我和妹妹的愛都是一樣的，我從來沒有因為妹妹出生而吃醋。如果爸爸買一個東西給我，妹妹也會有一個；我們出海釣魚時，妹妹也會一起來。小時候妹妹功課比較好，後來又變成我比較會念書，這個過程中，爸爸從來沒有批評或比較。

有些父母容易拿孩子和他的兄弟姊妹比較，比方說，「你看哥哥多聰明，你為什麼這麼懶惰？」這類的話。這樣做很容易造成兄弟姊妹間的陰影。請記住，每個小孩都是獨立的個體，有不同的優點跟個性。小孩多少一定會爭寵，但不要影響到感情，爸媽的態度很重要。我們夫妻的做法是這樣：

一、**不預設角色：**絕對不要說「妳是姊姊，就應該怎樣怎樣」這樣的話。可以試著站在姊姊的立場跟她溝通，比方說：妳以前這麼小的時候也是不會走路、沒有牙齒、每天都在哭，也是一樣可愛啊。

二、**尊重姊姊：**絕對不要說「妳現在長大了，這些衣服不能穿了，所以要給妹妹穿」應該是「可以給妹妹穿嗎？」徵詢她的同意。如果她有一些東西不願意給，就先尊重她，之後再用別的方式問問看。

三、**一樣愛：**我們常常跟姊姊說：妳們都是媽媽爸爸的小寶貝，媽媽爸爸一樣愛妳們（也有人建議可以先說比較愛老大，這樣老大就比較不會吃醋，但我不覺得這是好方法）。所以姊姊也常常跟我們說：我愛爸拔、媽麻和妹妹。

四、不要只專注在小的身上：雖說Baby通常比較需要照顧，但偶爾姊姊需要多關注時，妹妹如果此時在哭鬧，我們會先確定妹妹沒有立即的危險，讓妹妹先哭一下，然後花時間在姊姊身上，這樣姊姊才不會覺得她的愛被剝奪了。

最後，非常鼓勵爸媽花時間跟孩子講故事（絕對不要擔心不會說故事，其實每個故事都不是固定的，我們常常看著一樣的書說不同的故事，主要是可以融合日常發生的大小事，小孩會覺得有趣），說故事的時候更可以和孩子培養感情。像Ekim現在也有這個好習慣，自己翻書來看，或自己選書，等我們跟她講故事。

我覺得如果認真花時間跟孩子相處、試圖了解他們的需求，培養出感情好的兄弟姊妹，是父母與孩子最大的幸福。

我們的孩子不是我們的孩子

有一部很熱門的電視劇《你的孩子不是你的孩子》。老婆看完了之後，跟我討論到底我們的孩子是不是我們的孩子？

有人秒回，孩子當然是我們的！但是如果仔細想一下，會發現孩子不是我們的。他們不像物品會有一個主人，孩子只是透過我們而來到這個世界。但有不少父母一直覺得孩子是他們的，所以一定要好好聽話，必須要遵從爸媽的期望前進！

也常常聽到父母對孩子說：一切都是為了你好。這句話背後的意思是希望孩子要依照他們的安排，只有爸媽說的才算！但如果爸媽已經確定好孩子的未來，每一步都幫孩子安排好了，孩子還能夠發揮什麼？有表達自己意見的空間嗎？

很多父母想要孩子走他們走過的路，變成跟他們一樣。老闆的孩子要當老闆；醫生的孩子要當醫生……這是健康的想法嗎？我想，孩子絕對不可能跟我們一模一樣。

每個孩子都是獨立的個體，有自己的想法、自己的夢想、自己想要做的事。有個專家指出，如果鄰居的孩子不小心把茶翻倒在地毯上，你的反應會如何？應該是不會很生氣，然後跟鄰居的孩子說沒事。但是萬一翻倒茶杯的是你的孩子呢？

我猜許多父母一定會責罵孩子，怎麼那麼不小心，可能還會打孩子。最大的原因就是很多父母以為孩子是「我們的」，不能做任何不對的事。不少爸媽想要控制孩子的一切，結果，孩子們變成了我們的犯人（prisoner），而不是自由獨立的人（person）。

更嚴重一點，孩子還會被當成道具一樣對待。這種家長動不動就懲罰自己的孩子。對這樣的父母來說，孩子沒有任何權利，孩子是我的東西，我就有控制的權利。孩子從早到晚，都得符合爸媽的要求。這些父母是否問過孩子，想要做什麼呢？

黎巴嫩的作家紀伯倫（Kahlil Gibran）寫了一首詩《孩子》。這篇作品很清楚地告訴大家，孩子不是我們的。

關於孩子

你們的孩子，並不是眞的是你們的，
乃是生命爲其本身所渴望而降臨的。
他們是憑藉你們而來，卻不是從你們而來，
他們雖和你們同在，卻不屬於你們。
你們可以給他們以愛，卻不可以給他們以思想。

因爲他們有自己的思想。
你們可以庇蔭他們的身體，卻不能庇蔭他們的靈魂，
因爲他們的靈魂，是住在明日之屋，那是你們夢中也不能探訪的。
你們可以努力去模仿他們，卻不能使他們來像你們。
因爲生命是不能倒流的，也不與昨日一同停留。
你們是弓，你們的孩子是從弦上發出的生命之箭矢。
弓箭手看到無涯道路上的標記，祂以神力將你拉彎，讓祂的箭走得又快又遠。
請在「弓箭手」的手上欣喜地彎曲！
因爲祂愛那飛馳的箭，也愛穩當的弓。

失敗也是生活的一部分

看到當年意氣風發的林書豪，前陣子回到台灣跟大家分享這一路以來成名、受傷、覺得被放棄的過程，內心當然有些許的難過，畢竟我們都喜歡成功的感覺，但林書豪真的失敗了嗎？

我認為林書豪沒有失敗，而且他的努力得到了應有的讚賞。只是目前遇到難以避免的意外，不得不放棄ＮＢＡ。有更多職業球員，並沒有辦法像林書豪一樣地發展……

每天在世界的角落，都有許多人因為不同的因素而無法達成自己的夢想。

身為父母的我們，要讓孩子知道一個正確的觀念：有時候你的付出，或者你盡了最大的努力，都有可能遭遇失敗。孩子要有失敗的心理準備，這才是最重要的學習。很多父母希望孩子變成一個成功的人，結果讓孩子只想變成一個winner（勝利者）。但除了勝利者之外，難道沒有其他的路？萬一孩子失敗的話，後果往往不是父母所能想像的……孩子沒有心理準備，也不認識失敗的過程，結果造成更大的傷害。如果孩子無法接受失敗，很可能第一次挫折之後，就不想要再繼續嘗試。孩子要學會面對失敗、挫折，把它當成生活的一部分，了解世界上存在「失敗」這件事，從生活中可以去理解「失敗」的意義。

為了讓孩子更有自信，也認識失敗這個過程，我們父母可以這麼做：

一、**同理心：**孩子失敗的時候，爸媽要體會他們的感受。不要只是說，沒關係，下次可以成功。最好的方法是跟孩子解釋失敗。跟他們說，我懂你的感覺，我知道你想要做得更好。這種接近孩子的話更有力量。

二、**當一個好榜樣：**清清楚楚告訴孩子失敗也是生活的一部分，也可以分享自己的失敗經驗，讓孩子自然地了解失敗，告訴孩子，失敗不是世界末日。

三、**一起分析失敗的原因：**失敗的時候，其實可以學到更多以前沒有注意的地方，父母要一起面對失敗。

四、**給孩子面對的空間：**沒有父母想要看見自己孩子失敗。但一旦失敗了，要讓他們學會面對結果。不是馬上幫他們解決問題，孩子自己要有解決問題的能力。

我認為每次的失敗也會帶來一次新的機會，不過不一定每個人都找得到那條路。如果你接受失敗也是生活的一部分，你更有機會在將來迎接成功。

分享Thomas J. Watson（IBM創辦人）說的名言：

你想要成功方程式嗎？其實很簡單，多失敗幾次就可以了。你以為失敗了就會遠離成功，其實不盡然。你可以選擇被失敗擊垮，或是從失敗中學習教訓。所以不要害怕失敗，記得失敗為成功之母。（Would you like me to give you a formula for success? It's quite simple, really: Double your rate of failure. You are thinking of failure as the enemy of success. But it isn't at all. You can be discouraged by failure or you can learn from it, so go ahead and make mistakes. Make all you can. Because remember that's where you will find success.)

最珍貴的陪伴

我們常常買禮物送孩子，卻忘記最好的禮物是陪伴。

我當了爸爸之後，給自己一個任務就是帶孩子旅行，盡量讓她們認識這個世界。在台灣我常遇到一些覺得帶孩子旅行，尤其是出國很麻煩，沒辦法好好休息的父母。他們覺得放假應該要去補習、多寫功課、多念英文，但我認為其實旅行才是最自然、最好的學習方式。

在歐洲，很多父母常常帶孩子旅行。有的父母帶孩子環遊世界，也有不少人帶孩子一起去冒險。歐洲人覺得不管是幾歲，旅行是讓人更富有的一個方法。富有的方式不是賺錢，而是累積人生經驗，不斷學習，大開眼界！

帶孩子去旅行絕對辛苦，也讓人很累，沒錯！但是一切都值得。我帶兩個女兒回土耳其，親眼見證她們多快樂。自由地在地上爬、撿落葉，跟我一起釣魚、給草地澆水、沙灘上玩沙子……

如果我們不旅行，我去哪裡找到這麼多玩法呢？不可能一直去相同的公園或親子餐廳，孩子的創造力需要不同的刺激跟新的嘗試。

大女兒Ekim兩歲的時候在比利時學叫計程車，三歲開始認識國旗，現在開始知道不同國家的地理位置……如果你們也想嘗試帶孩子出國旅遊，別忘記以下最重要的事：

一、跟孩子一樣有一顆探險好奇的心。

二、東西帶滿帶齊，都不如帶上一顆隨遇而安的心。

三、配合孩子彈性變化行程，不堅持一定要踩點。

四、穩定的情緒與關係，不因旅程的不確定性而發脾氣，或與另一半爭吵。
五、耐心很重要，旅途中孩子發脾氣很正常。
六、不要怕孩子髒、怕孩子苦，他們比你想像的還強大。

Part 03

給全天下的父母：不要急

「輸在起跑點」是父母創造的不存在的怪獸！

最近老婆遇到一名媽媽，好不容易小孩抽到公立幼兒園，但因為公立不教英文，媽媽堅持帶她的孩子額外去參加美語補習班。

老婆問：「這樣不是要多花錢？」

她回答：「因為我擔心孩子輸在起跑點上！」

這是我在台灣這十二年來最常聽到父母說的一句話：擔心孩子輸在起跑點上。

■很多父母栽培孩子的方式像在賽馬，一定要跟其他人比

因為「怕輸在起跑點」這個莫名的擔心，小朋友從很小開始就背負很多壓力：英文要學好、才藝班不能缺席、補習要好好補、安親班要督導課業……等等。

我想跟各位父母說，拜託稍微休息一下，請先看自己孩子最單純的眼神。孩子的眼神並沒有「爸媽請讓我馬上變成一個了不起的人吧」，每次看女兒的眼睛，我只看到她是需要我鼓勵、需要我尊重、需要我照顧的小孩。而且她有很多想要說的話、想要表現給我們看的事，而不是一個準備要參加比賽的選手。我觀察到很多父母栽培孩子的方式很像在賽馬，一定要認真、要跟其他人比！結果孩子們在長大的過程中壓力比回憶還要多。

我問過老婆：「台灣人小時候怎麼過夏天？」

老婆說：「補習和寫功課！」

我一聽到就很難想像這樣的生活，真的很為台灣的孩子難過。小時候的日子過

去就不會回來，必須要用最好的方式來珍惜。

■教育不要急，要「一個一個來！」

小時候我都是在沙灘上玩遊戲、學釣魚、認識新的朋友，還有看一些簡單的書。我從來都沒有一個夏天是過著去補習班的日子。在土耳其，每年六月學校一放暑假，我們全家會一起去海邊待三個月。鄰居的孩子也是跟我們一樣，除了玩遊戲之外，沒有什麼其他的事。

歐洲的老師常常說「遊戲是最好的學習」。但是要創造最合適的、對的遊戲，而不是只把iPad給孩子玩到晚上！

世界聞名的芬蘭教育制度不會把孩子當成賽馬還是機器人。他們先學了解世界（understanding the world），到了七歲，芬蘭的小孩也沒有經過一堆刻意學習的過程，他們會輸在起跑點嗎？當然沒有，因為教育不能急，教育需要耐心、規劃，簡單地說就是「一個一個來！」。

世界有名的畫家畢卡索說：「每個孩子都是一位藝術家。問題是一旦長大後如何留下藝術家。」所以父母的工作不是把孩子丟在一個已經有壓力的教育制度裡，而是要想辦法讓孩子自己培養興趣跟好奇心。

在網路上有一支很有名的影片，我覺得很適合台灣的教育概念。影片中，運動員跑馬拉松，有一個運動員跑得非常好，他一直在前面，其他人只能在後面追著他，都沒有辦法靠近。不過跑步的路很長，過了一段時間之後，最前面的運動員覺得累而越跑越慢，後面的人開始趕上他。有一名本來跑最後的運動員，以平均速度慢慢地一直跑，最後卻超越了全部選手，變成第一名。

教養的概念也是一樣。

■如果無法改變教育制度，至少可以努力改變家庭教育

在美國學校讀書的時候，很多同學的成績比我好，但是爸爸從來都沒有把我跟他們比較。

我常常去大學演講，遇到很多年輕人，每次跟他們聊天的時候，很多人害羞、無法表達自己，會講英文但不知道怎麼溝通，如果問一些國際事件，大部分的人都沒有意見。

我感覺大家在等一個固定的問題，才能回答出一個固定的答案。很明顯地亞洲的學前教育和基礎教育看起來很扎實，但想像力和思考能力已經被破壞，孩子變成被動接受知識而不懂如何主動思考。

若教育制度無法改變，我們可以盡量在日常生活中、家庭經營上培養孩子適應不同環境的能力、理解能力，還有解決問題的判斷力。

每天早上帶女兒去托嬰中心的時候會跟她說，記得今天多玩遊戲！晚上接她時

就問她今天玩了什麼遊戲，而不是今天學了什麼。

「輸在起跑點」是台灣父母自己創造出來的一個不存在的怪獸。好像小時候很怕的一個不存在的怪獸，我們一直怕，但是牠永遠不會出現。長大之後就發現，那個怪獸是自己腦袋創造出來的；是恐懼虛構出來的，還是因為虛構而恐懼呢？

健康的生活方式

每次帶女兒進超市時，我都好好跟她解釋哪些食物對身體好、哪些有害身體，我做這方面的教導最重要的想法，是希望我的孩子也有健康飲食習慣。

但我發現有許多父母總是讓孩子亂吃東西，讓他們想吃什麼就吃什麼，甚至孩子變胖了也不以為意，還覺得孩子小時候的胖不是胖。減肥？以後再減就可以！然而，小時候的飲食習慣對孩子的生長有很多影響，養成亂吃東西的壞習慣，長大後就更難改變。

我在土耳其認識一對夫妻，兩人的體重都是過重。而且加上抽菸、沒有運動習慣，結果他們的孩子不到十二歲卻比很多十八歲的年輕人胖！而且他們不想要改變自己的生活方式，所以也很少控制孩子的飲食。身為父母不好好照顧身體的話，很難說服與教導孩子也有一個好的飲食習慣。

其實要做這件事並不難，只要有一些基本概念，就能幫助孩子建立一個健康的生活方式。

我很注意，盡量少吃加糖的食物，也告訴女兒太多糖對身體有哪些壞處，所以要離糖遠一點。

另一方面是不要讓孩子什麼都吃，要主動挑選一些食物給他們。在家也不要有一堆不健康的零食，否則孩子常常無法控制地亂吃，就開始變胖。

當然抽菸跟喝酒更不用說，尤其是抽菸。酒的部分，孩子要懂什麼是應酬喝酒（social drinking）或是偶爾喝一杯（responsible drinking）。

除了飲食，最重要的是讓孩子「動」。爸媽在運動的時候一定要告訴孩子運動的原因，讓他們也喜歡運動。因為我的孩子還很小，所以她們沒辦法進健身房，但是我曾經把大女兒帶去健身房，我在運動的時候她在安全的地方看著我。當天她問了很多關於運動的問題，我告訴她運動的原因是想要保持健康的身體，這樣才能陪她們更久。至於其他的運動教育都是在戶外做一些熱身，跟老婆簡單的跑步。有時候會帶女兒去踢足球，我想要她們觀察運動在生活中的安排。另外我也常常在家裡做肌肉訓練，女兒們很愛亂入我的運動，雖然她們還不是很懂運動的概念，但是因為我們這樣運動她們也喜歡。大女兒很喜歡體操，我希望兩位女兒長大的過程，運動能變成她們生活的一部分。

如果孩子真的變胖了，還是找不到減肥的方法，那就要考慮跟專家聊一下怎麼解決這個問題。

土耳其有一句老話：「聰明的頭腦很需要堅固的身體。」擔心孩子不讀書或者輸在起跑點之前，其實更要擔心孩子有沒有健康的生活方式，健康的生活包含了心理跟身體。成功的父母要負責孩子各方面的行為，而不只是重視功課跟學校的成績。

吳鳳的分享教育

「輸在起跑點」

是台灣父母自己創造出來的

一個不存在的怪獸。

好像小時候很怕一個不存在的怪獸，

我們一直怕，

但是牠永遠不會出現。

給孩子手機
等於給他們海洛因

幾天前和朋友們一起吃飯，我們一進餐廳坐下來，朋友立刻把手機拿給他兩歲的孩子看。我驚訝地問他：你給他手機？他反問我：你不給嗎？朋友的口氣聽起來好像給兩至三歲的孩子手機是一件很正常的事。

近日我發現這個衍生的問題一天比一天嚴重。當我知道妹妹的小孩也是很早接觸手機時，發現小外甥竟然已經近視三百度，甚至比我的還嚴重，他才十歲啊！

我想要再一次跟所有父母呼籲：不要給孩子玩手機！不要給孩子玩手機！不要給孩子玩手機！

也許一些家長覺得手機或平板電腦可以幫助小朋友學習，但通常小朋友玩手機的原因是看影片或玩遊戲。而且一直盯著很小的螢幕是很傷害眼睛的。再加上孩子正在發育的階段，就被困在手機裡沒有跟其他人接觸。

我當爸爸那一天起就跟老婆說，無論如何不要給女兒手機玩。女兒四歲了，她從來都沒有玩過手機。當她看到其他小朋友玩手機，甚至會說：爸爸你看，他的眼睛會壞掉！

我還沒當爸爸之前，一個朋友也一樣給自己孩子玩手機。我問他為什麼給？他說：你現在不懂，孩子吃飯的時候會發脾氣，只要給手機就沒事了……

請問，孩子發脾氣不是很正常嗎？我寧願孩子發脾氣，也比給他手機好。因為玩手機是一種上癮，跟毒品一樣。這不是我說的，是國外的治療師 Mandy Saligari 警告：給孩子手機，等於給他們海洛因。

許多專家也提出警告，網路世界會比真實世界更吸引小孩。很多不適合小朋友的節目，從暴力到性方面的內容，嚴重影響孩子的發展。

我知道網路上有許多值得看的內容，但是父母一定要陪孩子一起探索網路世界。更要緊的是要有時間限制。比如說，大女兒一個星期最多可以看兩次YouTube，而且每次不能超過三十至四十分鐘，我會用土耳其語或英語播出的內容給她看。其他時間我們玩傳統遊戲，教女兒土耳其語、去公園玩等等。真的，手機不是唯一的方法。

給孩子們好的教育是責任，但是首先我們必須要打造適合孩子生長的環境，這個環境中安全是第一優先，切記，網路也會影響孩子的安全。

土耳其教育學會表示，如果孩子大了，需要手機的話可以給他們父母的手機，而不是去買一支新手機。這是一種「借」給他們用的概念。專家建議，十二歲以下的孩子不適合用手機，除非他們有特殊狀況。十二歲之後要給手機的話，可以買一支功能簡單的手機就好。但是給孩子手機的時候，必須一一解釋使用手機的規則。

例如，在家使用手機不能超過兩小時以上、不能設定自己的密碼、父母隨時可以檢查手機、不能自己建立網路帳號等等。

這樣要求會很嚴格嗎？

我只是想要保護孩子們的單純世界。否則有一天會後悔讓孩子太早接觸手機這件事！

孩子最好的玩具
就是他們的雙手

自從有了孩子之後，每次出國，我都會帶著孩子一起去旅行。以前只有老大時是這樣，現在有了老二也是一樣。許多朋友問我，帶孩子出國不覺得辛苦嗎？也有人說，不用那麼辛苦吧！

帶著孩子旅行的確很辛苦，但是我一直認為帶孩子出國或任何一次國內旅遊，都是孩子探險這個世界最好的機會。很多歐美國家的父母，不管孩子多小，都會帶他們出國，也不介意讓小小孩自由地在地上爬行、探險。一起旅行可以享受家庭旅遊帶來的快樂，另一方面也可以培養孩子的國際觀，更有機會自然地學習語言。

我很喜歡這樣的觀點，也很堅持讓孩子跟我們一起探險世界。再加上我很鼓勵孩子們用雙手、雙腳探險，一起陪他們在玩樂中學習、成長，絕不會出國還讓孩子玩手機。也許旅途中讓孩子玩手機，孩子會很安靜，父母樂得輕鬆，但實際上是孩子失去探險大環境的機會。在手機裡，孩子的世界變得越來越狹窄。

我認為孩子最好的玩具就是他們的雙手，而不是手機或電視機。過度看電視或者玩手機都會抹殺孩子的創造力。

我從來都沒有想過要培養一個完美的孩子，我的目標是先培養出快樂的孩子，然後再教她們其他的事。孩子透過我來到這個世界，但她們絕對不是我的所有物。我是爸爸，負責給她們安全的環境、溫暖的家、經濟支持跟愛。但她們跟我是不一樣的，她們是獨立的個人，不是我的複製品。

之前我帶全家人去高雄旅行時，到了駁二特區，女兒蹲在地上開始玩泥巴，我覺得這很正常，完全不在乎她的衣服是否弄髒。當時現場的一名媽媽擔心地說：

「哇！弄髒了。」因為對那個媽媽而言，髒是一件不對的事，但我的認知中，髒，是為了學習和探險。

女兒出生到現在，我從未阻止她弄髒衣服或禁止她跳來跳去。因為我也盡量跟著孩子們一起玩。否則孩子如何探索世界呢？一個快樂的孩子最需要一個開心的生長環境，而不是被一堆功課包圍的房間。所以我的人生觀是，玩比寫一百頁的功課還更重要。

有些父母看到孩子做不對的事，就立刻打他的手，但被打的孩子就有點像是斷掉翅膀的鳥。孩子剛開始探險世界，這樣的懲罰方式容易造成他們的學習障礙、失去自信。請記得，孩子的雙手是拿來探險世界的，絕不是拿來滑手機或被懲罰的。

吳鳳的分享教育

我從來沒有想過要培養一個完美的孩子，

我的目標是先培養出快樂的孩子，

然後再教她們其他的事。

網路曝光的安全性

網路已經發展到很不可思議的程度。從社群、服務到買賣都是透過網路來進行。也許讓我們的生活更方便，但也帶來不少的風險。

對於父母最大的風險是，曝光自己的孩子給大家看！也許一些人覺得，分享孩子的照片哪裡有問題？但網路世界不是你想像的那麼單純！

根據兒盟調查顯示，八成四家長曾在網路上分享孩子的事情，其中兩成曾放孩子露出身體的照片，一成揭露過多孩子的資訊。孩子還很小的時候。PO他們的照片、影片，是很可愛，但過了一段時間後，孩子漸漸長大，他們也開始接觸外在的世界、接觸網路，這時候就要開始學習尊重他們。

有時候我看ＦＢ或其他社群平台，發現一些爸爸媽媽不斷分享孩子的照片。一開始覺得很ＯＫ，畢竟將開心的事分享給朋友看，但有時候上傳一些不是很雅觀的照片，甚至有半裸照片！

更嚴重的是為了賺錢而逼迫孩子，最近中國大陸一個網紅媽媽踢自己的女兒，逼她擺Pose給粉絲看，孩子拒絕就被媽媽打，這種態度相當可怕，等於將孩子當成奴隸了。

孩子是我們生的，但他們不是我們的物品。孩子有自己的生活、自己的選擇。到了四至五歲之後，很多事最好都先徵求他們的同意。

也許一些媽媽覺得孩子很可愛，拍一些洗澡的照片給大家看，但是你永遠不知道這張照片會不會被誰利用，因此千萬不要上傳不恰當的照片到網路上，以後有可能會後悔。也許有一張照片孩子覺得不夠漂亮，爸媽ＰＯ上網之後，有可能孩子會被同學笑。今天你在網路分享的每一篇ＰＯ文，都會永遠被留在網路世界！

為了保護孩子，我們每一位爸爸媽媽都要注意一些基本的概念：

一、不要ＰＯ孩子的學校、補習班等地方。

二、不要ＰＯ裸照。

三、孩子大一點時，ＰＯ照片之前問孩子的意見。

四、不要太早給孩子ＦＢ帳號。（我想要十六歲之後才讓她們用社群媒體）

五、不要逼孩子做任何一件事。

六、避免把孩子當成商業用品。

七、不要拍其他人的孩子，然後分享在自己的平台上！如果要拍，先取得他們的同意。

八、不要在孩子面前一直玩手機，而是讓他們發現最珍貴的時間是一起聊天分享的時候。

吳鳳的分享教育

孩子長大需要手機

✗ 買一台新的

✓ 「借」給他們用

孩子最好的玩具

✗ 手機或電視機

✓ 他們的雙手

孩子也有決定權

當陌生人沒有經過你或孩子的同意，就想要拍照或是亂碰你的小孩時，你會有什麼反應？我想，大部分的父母都會不開心，甚至覺得被侵犯。小孩固然很可愛，但他們並不是給大家拍照的玩具。尤其身為公眾人物，我們更常遇到這種唐突的狀況。

前幾天有一名年紀比較長的阿姨，用手上的扇子對大女兒開玩笑地打了一下。當然我清楚這個阿姨並沒有惡意，也不是真的打孩子，但是完全沒有經過同意就亂碰孩子，的確讓我們有點不舒服。我也明白他們是喜歡孩子的，但孩子也有自己的個性跟心情，大人必須先問過父母跟尊重孩子的意見，再接近孩子。

有人認為小孩沒有什麼決定權，一切是大人決定要幹麼就幹麼。但這樣想就錯了，其實不管孩子幾歲，他們的意見都值得被尊重。

有時我也常遇到一些粉絲，我喜歡大家給我的支持跟鼓勵，我的身分是藝人，歡迎跟所有人拍照。不過我的孩子不是藝人，通常我不會想讓她們跟大家合照，但有時候女兒自己想要的話，就會一起合照也沒關係。我相信我的粉絲懂這個感覺跟意思。

台灣人親切友善，大家現在都慢慢懂得理解與尊重不同文化與個人權利。在西方國家，個人隱私的要求與尊重更為嚴格。我也希望在台灣，大家互相溝通，不要造成誤會，尤其最重要的是不要把孩子當自己的玩具，這才是正確的態度。

自信的孩子
不怕酸民

老婆上星期在網路被霸凌，不過她的反應相當有高度。她說：「自由言論，我知道我自己。」因為老婆是一位有自信跟專業的女人，加上工作上也有不少成就，所以不容易被酸民影響。

網路霸凌的事件讓我想到親子教育中一個很重要的過程，就是教養出有自信的孩子。畢竟我自己是公眾人物，遇到酸民是我們工作的一部分。但孩子們也需要知道這件事，所以更需要教他們準備好未來可能面臨的狀況。

小時候我的牙齒不是太整齊，所以有些同學叫我兔子。也許他們在開玩笑，但是過了一段時間之後，一直被叫兔子讓我很生氣，而且我越生氣，他們越用力叫我兔子。最後我決定不理他們，因為我對自己有自信，況且我自認長得也還滿帥的，不管他們說什麼，我告訴自己不要生氣，儘管他們還是繼續叫我兔子，但我竟然覺得無所謂了。最後同學放棄了，因為我很清楚，我跟自己沒有衝突了，我接受自己的樣子。

但是也有其他同學卻因為常常被嘲笑外表，影響到心情和表現。老實說，我們在不同年齡都會遇到不同方式的霸凌。但最重要的是，我們要對自己有信心，跟家人之間要有好感情。

如果我們教養出懂得愛自己、有自信的孩子，他們就不容易被酸民或霸凌者影響。所以我們需要花更多的時間，好好讓孩子知道並且認識酸民這件事。

我知道一些名人因為被酸民攻擊而不快樂，網路霸凌甚至讓人因此而自殺。所以我天天提醒自己，不管誰來酸我，我都不會理他們。畢竟我們沒辦法讓所有的人喜歡我們。

對現在的年輕人而言網路已經不可或缺，大家常常在社群媒體分享許多事，每個人都希望內容被認同、被稱讚。但酸民到處都有，如果出現意見衝突，互相在網路上攻擊的事件層出不窮，若遇到酸民的話，就像撞到牆壁一樣，感覺沒有出口。我們的責任便是讓孩子從小開始就有這方面的心理建設，在事件衝突開始之前，父母一定要建立一個互相尊重跟信任的溝通管道。孩子在網路上容易接觸到父母意想不到的訊息，孩子必須願意把任何一件事分享給父母，這樣我們才能夠保護孩子。

吳鳳的分享教育

教養出懂得愛自己、有自信的孩子，

他們就不容易被酸民或霸凌者影響。

怎麼選擇對的幼兒園

女兒快可以就讀幼兒園了，我們開始討論尋找合適的地方。在我小時候，因為有姑姑照顧，所以一直到六歲才上幼兒園。現在有很多雙薪家庭，加上家裡沒有長輩可以幫忙照顧，就會提前需要幼兒園的照顧。

基本上，幼兒園最大的目標是輔助爸媽的教育，讓孩子學一些溝通能力、尊重對方、團隊精神、基本生活技能等等。不過在台灣好像許多爸媽希望幼兒園教孩子一些正式的課程（又是「不能輸在起跑點上」的心理），家長希望在上小學之前自己的孩子可以超前進度，要有好表現、好成績，要先學到課本上的東西。而老師也跟家長保證，你們孩子做得很好、成績很棒、英文學得很好……這些話才會讓父母覺得孩子上幼兒園是值得的。

「幼兒園」是由德國第一次提出這個概念，教育家弗里德里希・福祿貝爾（Friedrich Fröbel）一八四〇年設立第一間幼兒園（kindergarten），對他來說最基本的教育是要孩子在遊戲中學習，讓孩子們好奇、自然培養學習興趣。他還強調音樂跟唱歌的重要性。所以他創造的幼兒園環境就是給孩子一個培養興趣、發揮才藝的空間。歐洲國家在這方面做了很多投資跟研究，也建立起全世界最好的幼兒園系統，這些都是讓孩子為了未來而準備。

譬如說，芬蘭的幼兒園提供孩子的空間，都是按照孩子們的需求而設計的，玩遊戲跟運動的地方分開來，戶外空間夠大，讓孩子可以盡情跑跳不受到限制。而且不讓孩子接觸3C產品。不過，我在台北卻看到一家幼兒園是要孩子從小學會如何使用iPad。

法國的幼兒園提供非常專業的運動環境，孩子們可以接觸許多不同的運動項目。光看法國的幼兒園環境，就知道為什麼法國在二〇一八年變成世界盃足球賽冠軍。另外歐盟國家的幼兒園教育也非常進步。

在土耳其就沒有那麼進步的環境。我自己六歲去幼兒園的時候，爸爸希望我開始為上學做準備（在土耳其，小孩七歲才開始上學）。所以對我來說，幼兒園是適應學校的前導過程。幼兒園的活動很多，像是角色扮演、跳舞、唱歌等等。我記得當時並沒有感受到任何壓力，就連成績單也是好玩的可愛風格，跟在台灣從幼兒園開始就必須要認真讀書的樣子有很大的不同。

我們參觀過一家著名的幼兒園，老師們都很熱情，環境也還不錯，但是教育方式讓我莫名感受到壓力。那棟大樓集合了各種用途，包含幼兒園、才藝班、安親班等等，裡面很多設施都不是針對幼兒設計的，像樓梯就是一般的大樓樓梯。老師特別強調每天都有英文課，但我看到小朋友上英文課的樣子，是老師說出一個單字，十多名三至四歲的小朋友坐在小椅子上圍著老師，重複背誦一樣的單字……看到這個環境，我開始明白為什麼台灣人從小學英文，但長大後仍然不敢用英文溝通的原因。

我們又參觀另外一家幼兒園，同樣受到熱情的歡迎，設備和環境也都可以。但這裡有一個很有趣的狀況，老師不斷用一半英文一半中文的方式跟學生說話。例如，「你好，你今天好pretty（漂亮）」，跟我們講話也是一樣，「你看我們的education（教育）」。對話當中穿插英文單字，其實不代表孩子們就學會了英文，這只是讓他們學簡單的單字而已，而這些單字早學跟晚學並沒有差異。有些父母認為這樣做是正確的，所以有時會遇到家長這樣跟孩子說話，「給我ball（球）」、「跟uncle（叔叔）說hello（哈囉）」這些話。

每個家長都很在意到底要怎麼選擇對的幼兒園。土耳其兒童專家Sevil Gumus提供一些建議：

●選擇好老師：沒錯，老師代表一切。一位很認真照顧孩子的老師，會改變整個環境的品質。老師們要觀察每個孩子不同的發展和興趣，並安排適合各個孩子的教育方式。老師們要愛孩子、有耐心、熱情。

●要運用最適合自己文化的教育。因為世界上沒有一個教育制度是完美的，每一個制度有不同缺點跟優點。直接複製西方的教育制度也不一定適合台灣，老師們要自己整合最好的教育方式給孩子們。每個孩子有不同的個性、不同的需求。

●千萬不要讓孩子覺得去上幼兒園是有壓力的，只要是過度的，任何一種教育方式都會讓孩子覺得幼兒園是無聊的。孩子們只需要好好欣賞小時候的日子，認真玩遊戲，在遊戲中學習。

●不要把孩子跟其他孩子比較，因為每一個孩子的學習能力不同。幼兒園裡不要有任何比較，給孩子們評分的做法。幼兒園要單獨判斷各個孩子的發展過程。

●跟父母有良好互動關係的幼兒園很重要。老師跟父母必須建立好關係，父母能隨時知道自己孩子的需求或發展。

●戶外空間一定要夠大，院子用的玩具、運動器材都要完整。最重要的是安全跟衛生條件必須很完善。

比學校成績更重要的是什麼？

如果要我提出不要讓孩子輸在起跑點上的項目，我認為第一就是：態度。像不亂丟垃圾、愛護地球、珍惜環境、分享玩具給朋友、尊重老人等等，都是「態度」的範圍。這個觀念才必須要從小開始培養。

也許很多爸媽覺得教孩子不亂丟垃圾就夠了。但我想要把這個概念傳遞得完整一點，也就是要孩子更懂什麼是環保，否則孩子雖然不會亂丟垃圾，卻一直製造垃圾，等於只教了一半，是不會有效果的。

大女兒從三歲開始跟我一起去倒垃圾。在我們住的社區，她是跟爸爸一起倒垃圾的孩子中年紀最小的。我從來都不覺得帶她一起倒垃圾很麻煩，因為這是一個很好的機會教育。我讓女兒了解什麼是垃圾、什麼是垃圾回收，也一邊告訴她哪些資源不能亂浪費，哪些東西不好回收。

我們每次一起去超市，我會一個一個告訴她什麼是塑膠、玻璃、寶特瓶。我特地鼓勵女兒買更容易回收的商品，尤其是玻璃跟紙類，我想要培養她從小開始減少垃圾這個概念。

人類不斷地製造垃圾，根據統計，全球一年用了將近兩百二十億瓶的寶特瓶，而且回收再利用的比率不到百分之十，一年中所有垃圾量更超過二十億噸……如果人類這樣繼續下去的話，有一天我們的地球會承受不了，到時候下一代恐怕面臨更多的天然災難。

後來女兒再跟我去超市的時候，她指玻璃瓶說，這個好，旁邊的寶特瓶不好，還鼓勵我要去買比較容易回收的商品，她這樣小小的判斷行為讓我有小小的感動。

而且我們幾乎都一起帶背包去買東西，買的過程中我會告訴她加糖的食物不健康，尤其很多塑膠袋造成海洋問題等等。她很喜歡跟我去超市，在超市認識事物的過程變成日常生活的方式。

台灣的回收工作算是相當好，但我們還是要繼續加強環保概念。一個了解大自然、尊重大自然的孩子，人格整體發展與價值觀上都會有很棒的表現，而這些永遠比學校的成績更重要。

吳鳳的分享教育

如果要選一個不要讓孩子

「輸在起跑點」的項目，

我認為第一就是「態度」。

因為這個觀念越早學越好。

拒絕性騷擾

根據聯合國的報告：全球有百分之三十五的女生遇過性騷擾！有七百五十億的女生在十八歲之前結婚！百分之三十七的阿拉伯女孩遭遇過暴力！

在北非，每三分鐘就有一個孩子被強暴。（2009 report by trade union Solidarity Helping Hand）

在印度，二〇〇一至二〇一一年十年間有四萬八千件兒童遭強暴的案子。更令人吃驚的是，這樣的案件十年中增加了百分之三百三十六。（Asian Centre for Human Rights）

在英國，每兩百名成年人中就有一人（共二十五萬英國人）是戀童癖者。

（Scotland Yard, the Telegraph reported in 2000）

在美國，即使不知道兒童性虐待的真正普遍性，但大多數人都會同意，今年在美國出生的嬰兒將有五十萬，如果我們不預防它，在十八歲之前會被性虐待。

（Children Assessment Centre; CAC.）

根據調查，小朋友遭受性騷擾大部分發生在四到十一歲。

身為爸爸，光看這些數字我就心驚心疼。因為幾乎每天會看到性騷擾的相關新聞，自己的國家土耳其也是很常發生。尤其看到連小朋友也會被性騷擾，真的讓人很生氣又很難過。

我們一直希望給孩子最好的教育，但是教育不只是數學、英文、科學等等。其實比這些更重要的是，教孩子怎麼保護自己，尤其如何預防性騷擾。小朋友從三至四歲開始，慢慢要知道別人不能碰的私密部位。

印度的巨星阿米爾・罕（Aamir Khan）也因為在印度常發生性騷擾、性侵害事件，特別開了教育節目，教孩子們保護自己的概念。這樣的教育真的非常重要，所以我在這篇文章中特別想要讓更多父母認識這方面的教育。

首先，孩子從兩歲多開始，慢慢會認識身體的各個部位。其實這個時候就該開始性教育的第一步，爸媽可以告訴孩子們哪些身體部位是私密的，這樣孩子會更清楚地知道要保護他的哪些地方。可以先教他們「No，不要」這個說法。如果有人碰他們的私密部位，孩子要學會一些反應。但是教他們這些的時候，千萬不要讓孩子反而太害怕環境，不然可能造成其他社會溝通技巧上的障礙。所以性教育的平衡很重要，不要急，慢慢讓孩子理解。

女兒在兩歲八個月，她已經發現沒有穿衣服是不好的，因為其他人會看得到她的身體。但是之前，還更小的時候，她分不清楚有沒有穿衣服的重要性。我現在常常告訴她：不可以不穿內褲，要知道她的身體是屬於自己的，不讓其他人碰她的私密部位。我開始這方面的教育之後，很明顯地女兒有了新的發現跟學習。現在也分得清楚男生跟女生不一樣，她知道自己是女生，男生跟女生尿尿的時候也不同。

我相信很多爸媽也想要更了解這方面的教育，所以我想要分享孩子的性教育要注意什麼。

●差不多兩歲多時，可以先讓孩子認識自己的身體。要知道自己身體的三十公分範圍內是屬於自己的私密領域，其他人不能亂進入。每一個部分一定要用最簡單的方式來告訴孩子。

●三歲之後的孩子已經很會講話，也更容易懂我們的對話。這個時候我們一樣要持續告訴他們身體是自己的，連親戚也不要亂摸，大人要尊重孩子。如果一個人想要碰他們的某些部位，其實不是一個好的動作！讓孩子越早發現這種行為，越容易保護自己。要讓孩子知道他們的胸口、屁股、肚臍部位是私密的。

●爸媽跟孩子之間的關係很重要，孩子們要知道我們是他們最好的朋友，不管發生什麼事，他們可以來告訴我們。所以性騷擾方面的教育，也需要互相的尊重跟信任。爸媽要告訴孩子：如果有些人想要碰你身體的私密部位，不管是誰，都要說No！然後回家的時候可以告訴我們，這樣我們可以保護你。孩子要知道，爸媽永遠都會在他們身邊。

●爸媽也要尊重孩子的身體。他們不想要我們更靠近的時候，我們要聽他們的，不要逼孩子，不要靠近他們。孩子要有控制自己空間的權利。

●四歲以後，爸媽不要跟孩子一起裸體洗澡。四歲的孩子也要知道，在上廁所的時候，不可以有其他人看到他們的身體。因為廁所也是一個私密空間。

●七歲後，不要讓其他人看到孩子的私密部位。七歲之後，連爸媽也要問孩子可不可以進去他的房間。幫他換衣服的時候也要問一下可不可以。

●孩子越大越想要知道更多性方面的問題，這時候千萬不要拒絕回答孩子的問題。例如：「我怎麼出生的？我從哪裡來？」等等這些問題。不要回答「這個不好講」之類的話。答案當然不可能很鉅細靡遺，但是大概會告訴孩子出生這件事。可以用比較簡單的方式解釋。

●孩子比較大的時候，可以直接聊性方面的問題。孩子信任我們的時候，外面發生的任何一個狀況，他們回家後馬上會告訴我們。但是如果孩子很害羞、不敢講、害怕家人的話，連在外面遭到性騷擾也不會想要說出來。這樣就只會讓問題越來越糟糕。

●孩子要能清楚分辨什麼是性騷擾。例如：家人是為了幫忙洗乾淨而碰他，但其他人是不能碰孩子身上任何一個私密部位的。

懂得說 Yes 或 No

最近我跟四歲的女兒一起參加朋友的婚禮。

我們入座之後，一個朋友把手機拿給女兒玩。當時我沒有注意到當時女兒是直接拒絕，她說：我不要，我不看手機。而且她回家之後，很驕傲地說給媽媽聽。

我知道之後覺得很感動，因為女兒自己學會選擇和判斷。我相信這是每一位父親或母親想要達成的親子教育之一。畢竟我們沒辦法永遠在孩子身邊幫他們決定所有的事，而父母最重要的事是讓孩子學會判斷Yes或No。

Yes跟No這兩個很簡單的字，也代表孩子未來的成功跟失敗。不過在教會孩子說Yes或No之前，父母要先跟孩子培養好的互動關係，包含尊重跟信任。

小時候爸爸除了常跟我說學習的重要性外，也一直強調我要自己學會下決定，因為這是我自己的人生。所以十八歲的時候，我就已經清楚學習跟投資自己的重要性。記得每次做功課或者學語言的時候，會有一些同學找我出去玩，這個時候Yes or No的決定就很重要！可以說Yes 出去外面，或者說No留在家裡讀書。

這種狀況下，我會自己判斷什麼是對我有幫助的，有時我會跟同學說：No！我現在不方便！

所以我把很多珍貴的時間留給自己好好讀書。如果當時我覺得出去玩很棒，一直說Yes的話，那我無法變成一個負責任的學生。

同樣地，每個孩子長大過程中很難避免遇到一些壞朋友，像是抽菸、喝酒，甚至吸毒等等。如果這時候孩子知道說No，知道什麼對自己比較好，那我們就不用擔心他們在未來的路上會迷失自己。

不過Yes和No的教育需要時間跟互相溝通。千萬不要硬逼孩子做什麼，否則很容易造成孩子反彈，反而會故意做不好的行為。

每一個No要有一個解釋。

要讓孩子知道說No的原因，例如玩手機要說No，因為眼睛會壞掉；看太多電視會傷害頭腦跟身體的發展、抽菸對健康非常不好等等。孩子學會分辨Yes or No之後，父母會安心許多。將來他們長大，我們相信他們也懂得保護自己。我很感謝爸爸給我這方面的好教育，我也要像他一樣，讓我的孩子知道Yes跟No多重要。

吳鳳的分享教育

教會孩子說 Yes 或 No 之前，

父母要先跟孩子培養的互動關係，

包括尊重跟信任。

給全天下的父母：不要急

開始寫這些文章，主要是希望可以讓更多台灣父母參考國外的教育方式，然後融合本身的優點，選擇出最適合自己孩子的方式，讓我們的孩子可以在一個更開心的環境下長大，並發揮所長。因為世界上沒有一個完全對的教育方式，也沒有一套準則，不同文化背景下有各自教養孩子的理論與習慣。不過大體來說，西方國家的教育理念確實比亞洲國家更有彈性、更有發展空間。

我觀察到最常見的三個台灣父母教養迷思，也是我認為與西方教育最不吻合的觀念或行為如下：

■第一大迷思→台灣人很愛比較

沒錯！台灣很多父母愛比較。但是拿自己孩子跟其他孩子一起比較一點都不好。很多專家也常常說：千萬不要比較孩子，因為孩子會很快失去自信。亞洲傳統教育裡，很多父母希望把孩子訓練成一個十項全能的才子，從音樂到畫畫、從數學到英文全部都要學。感覺孩子好像是一台電腦，把所有軟體下載就可以了。但是亞洲人常常忽略一個最重要的因素，那就是教育不是一個固定的模式。每個孩子有不同的個性、不同的成長背景，教育是要依人而彈性變化的。不然過了一段時間之後，孩子會開始像賽馬一樣，目的只在追逐超過別人；但真正進入社會時，卻不知道怎麼表達自己，不知道怎麼舉手發問。

有趣的是，台灣人的生活中也常常看得到「比較」這個習慣。例如：跟韓國比較、跟歐洲比較、跟日本比較。連我主持節目的時候也常常遇到一些人說：台灣的海跟地中海一樣美！台灣不會輸給歐洲！台灣的山跟瑞士一樣美！雖然大家一直這樣說，但很可惜的是，幾乎沒有一個觀光區比得上歐洲的水準。因為台灣人只是比較而已，不會認真去了解到底為什麼國外的觀光區如何有特色跟吸引人。因為常常比較會錯過重點，會重複留在一樣的位置上，很難進步。如果一個人或一個國家真的厲害，不需要一直強調自己多好。優秀的人才、發達的國家，總是被其他人誇獎而不是自己。你們聽過法國人說，我們的山跟瑞士一樣美嗎？或者你們有沒有聽過土耳其人說，我們的沙灘跟義大利一樣美？幾乎都沒有，因為各個國家有屬於自己的美麗跟特色。不需要用這樣的方式來比較，因為沒有什麼幫助，也沒有什麼意義。

教育也是一樣的道理。你一直說，我孩子比其他孩子好、我孩子很會講英文、我孩子怎麼樣怎麼樣……這些說法跟這種教育觀念，除了帶來壓力之外，對孩子完全沒有任何幫助。我們可以給孩子一些成功人士的案例，或者告訴他們一些振奮人心的故事，但是千萬不要比較孩子。

專家說，孩子們如果發現爸爸媽媽們一直把他們跟其他人比較的話，容易造成以下這些狀況：

覺得自己不夠好

阻礙溝通能力

覺得沒有人懂她／他

慢慢遠離家人

學校會變成一個沒有娛樂的地方，討厭學校

一些孩子會有憂鬱傾向，越來越孤單

社交技巧也有不好的影響，很難交到朋友

■第二大迷思↓台灣人很愛限制孩子，也可以說是過度保護

前陣子我老婆在自己的ＦＢ粉絲專頁上ＰＯ一張照片。兩歲半的女兒想要自己

關燈，但是身高太矮關不到，結果女兒去拿一些尿布，把尿布當樓梯一樣，爬上去就可以自己關燈。其實尿布不高，這個動作也不危險，而且兩歲半的孩子自己想到解決辦法也很不簡單，所以我們鼓勵她、誇獎她。老婆把這個故事跟照片分享給網友，一些媽媽立刻留言：「哇！危險！要小心」「給她椅子比較安全」等等。很少人覺得孩子的實用智慧（practical intelligence）值得鼓勵，台灣父母有時候太過在意安全性，而錯過孩子的臨場表現。如果這種狀況下，我去限制孩子的話，過一段時間他會開始失去自信，不想要自己動腦，更別說培養實用智慧。也許長大之後，他的數學很強，但無法在社會上有一些機智反應，或無法表達出自己獨特的想法。我已經觀察台灣這個現象一段時間，比方說：出去外面，台灣孩子會穿很厚的衣服，或者很怕孩子曬太陽，不讓他們靠近海邊等等。保護孩子當然是需要的，但當我們過度保護孩子的時候，其實是限制了他們的發展空間跟能力。

前幾天，我在運動的時候遇到一名台灣的媽媽，她跟保母帶孩子游泳。她在外面一直提醒孩子不要進去蒸氣室、不要進去烤箱！其實孩子們只是去游泳，我想也很難有機會接近那些地方，畢竟還有一些距離，況且孩子的旁邊有保母。我同樣帶女兒去游泳，從來不覺得女兒會自己跑進那些地方。加上我在旁邊，也會注意她。

另一方面，不限制孩子，不等於他們想要做什麼都可以。父母必須要跟孩子解釋為什麼有些事不能做。我們小時候，爸爸不會把我跟妹妹同時放在船上出海，因為他覺得一個孩子必須要留下，這樣比較安全。萬一發生意外，他救一個人比較容易。但是他會跟我們解釋原因，所以我們知道後會尊重他的決定。太多的限制，什麼都不讓孩子自己做的話，以後孩子反而更容易反抗家人，這更不是一件好事。

第三大迷思↓台灣人很怕孩子輸在起跑點

剛到台灣的時候，我發現路上招牌琳瑯滿目的才藝班，而且招生對象從很小的小孩就有。一直到我念研究所去兒童美語補習班打工的時候，才體驗到台灣父母對小孩的期望有多大！有父母希望他一歲多的小孩可以先學英文，但其實他們連母語中文都還不會表達，立刻要進入外語的世界是很不合理的。但父母就是擔心他們的小孩輸在起跑點上，尤其是英文，認為越早學越好，所以有滿街的全美托兒所、美語補習班。可惜的是，很多人長大了還是不敢開口說英文，因為沒有環境、沒有自信、沒有國際視野。

我女兒待的托嬰中心，一歲半之後可以上加價的課後才藝班，有音樂課、畫畫課等。我老婆問學校：為什麼這麼早要有這些課？感覺很像補習。托嬰中心回答：因為每個父母想給孩子上不同的才藝課，所以才會額外開不同的課。重點是，報名的家長真的不少。孩子在家亂塗鴉，他們立刻覺得孩子有繪畫天分或興趣；孩子在家亂唱歌，他們也覺得應該要立刻上音樂課。父母們擔心沒有上到課，孩子會輸在起跑點上。但這些其實都是孩子在成長中自然探索的過程。專家說：孩子大約在四歲的時候，興趣跟才藝才會發展得比較清楚。所以，父母們，不要急！多給孩子一些自由探索和發展的空間。你的孩子不會輸在起跑點上，只擔心他沒有足夠的自信和空間好好發揮所長！

Part 04

我們正在走一條很長的路

把學習當成樂趣，自然而然想要學更多

最近看了一些英文教材的廣告，不斷地強調怎麼學英文，廣告中唯一一種教法是讓孩子背單字，而不是讓他們真正地學英文。上次跟老婆去參觀一家幼兒園，也發現一樣的教法。老師唸單字，小朋友重複跟著一起唸：rabbit（兔子）、apple（蘋果）、bus（巴士）……

身為會講四個語言的我，覺得教育不是要教孩子背東西，而是讓他們喜歡學習。死背單字或任何一個內容，最多記得二至三天，之後沒有運用就會忘記。但是如果把學習變成一個樂趣，再加上成為生活的一部分的話，孩子學的內容會留在腦

海裡很久。

尤其是外語教育，需要正確的方式跟環境。背一百個單字不是很難，但是怎麼用？在哪裡用？才是更重要的。

我在師大讀研究所的時候，偶爾去補習班打工教孩子們英文。結果發現補習班有兩歲的baby也被送來學英文……當時我覺得有點奇怪，在還不會說母語之前，竟然要嬰兒來學英文？我認為當母語還沒發展成熟前，是不需要逼孩子學英文的。但如果藉由玩遊戲，或一起唸簡單的英文書，這樣可以讓孩子慢慢地產生興趣，對英文有好奇心，就是非常好的學習。

大女兒四歲了，到現在我們從不逼她學英文，或刻意讓她背單字。她在幼兒園接觸一點點的英文。我偶爾給她看英文卡通，讓她知道英文發音。有時候講英文童話給她聽，而且故事書是她自己選擇想要聽，不是我逼她的。

有時候一些台灣爸媽會問我，是不是有教女兒英文，或跟女兒講英文？其實女兒的母語是中文和土耳其語，雖然英文很重要，但並不急著要她趕快學英文。我想要她慢慢吸收，享受學習的過程。我希望她喜歡學習，把學習當成她的樂趣。這樣她自然而然會想要學更多，保持開心快樂的心情。

因此，家長不用太擔心孩子太晚學英文。孩子從六歲到十八歲還有很長的十二年，父母們可以把外語學習分成不同的階段，不需要怕孩子輸在起跑點上。我十一歲才開始學英文，不過現在很會講，而且不怕講錯或者跟外國人聊天。我個人覺得最大的原因是求學階段，利用時間在土耳其的觀光行業打工，接觸來自各國的外國人，我很樂於與他們交流。每個人都可以好好引導自己的孩子，最後讓孩子喜歡上學習的過程。

吳鳳的分享教育

把外語學習分成不同階段，

不需要怕孩子輸在起跑點上。

把學習當樂趣，

自然而然會想要學更多。

她的回答讓我很驕傲

大女兒開始到新學校上課了！

第一天下課回來，她問媽媽：「妳會講英文嗎？」

老婆：「會一些。今天老師說的話妳都聽得懂嗎？」

Ekim：「都聽不懂。」

老婆：「那怎麼辦？」

女兒笑著跟老婆說：「學習啊！學習就ＯＫ了！」

這個短短的對話讓我相當開心，因為女兒自己發現學習的重要性，而不是等我們提醒她要好好學習！

孩子的自律才是教育中最重要的優勢。

小時候我的爸爸並不是一直提醒我要好好讀書，他希望是我自己願意去主動學習，而不是為了他。如果孩子自己不喜歡學習，或者不太了解學習可以改變他的生活的話，父母需要下點功夫，否則將來小孩就會產生「一直等爸媽逼」才願意學的心理。

另一方面父母的態度也很重要。

很多父母為孩子的學習焦慮，反而事事逼孩子，拚命想要幫孩子安排要學的東西。我認識有些父母完全自己決定孩子要學什麼。彈鋼琴、補習英文、學繪畫、心算、圍棋、芭蕾舞……這些學習都是被父母「精心安排」的。結果不少孩子從很小開始就「為了爸媽而學」，而不是「為了自己」。這種教育方式過一段時間後，會增加孩子的壓力。尤其四至五歲開始這麼密集地學習，等於剝奪孩子享受童年的快樂。

爸爸讓我知道主動愛上學習才是父母給孩子的禮物，再加上他告訴我，只要願意學習，投資自己才能成功，但是他從不逼迫我。當我久而久之養成習慣後，完全不需被提醒要寫功課或者讀書，時間一到，我就主動看書、乖乖學習。而且在學校的時間，也很珍惜當下的學習機會，絕對不浪費。

如果有人問我成功的祕訣是什麼？我應該會說自律跟自發學習，再加上獨立的人靠自己創造機會。

我的大女兒說，要學習啊！這個答案讓我最開心，這就是我想要的結果！

吳鳳的分享教育

讓孩子發現學習的重要性

＋

讓孩子主動愛上學習

＝

教育中最重要的優勢、父母給孩子最大的禮物

學英文
不是狂逼背單字

在公園，聽到一名媽媽對兒子說，不要嚇pigeon（鴿子）！一開始我不懂什麼意思，再仔細聽，發現媽媽的每一句話裡都夾放英文單字。

這個習慣在台灣很常出現，因為不少父母過度在日常言語中夾雜英文單字，而不是讓孩子真正地吸收外語。結果很多台灣年輕人的英文單字詞彙不錯，但是當他們跟外國人在一起溝通時就會有問題。最大的原因是孩子從小到大被逼著學英文，孩子只知道狂背單字！

而且如果家長的英文不是很好的話，其實孩子很容易學到錯誤的發音。之前我們參觀一家幼兒園的時候，也發現其中一位老師教一大群小孩英文，內容只是一直重複單字。其實背單字並不難，但如果沒有實際運用的話很快就會忘記。每次當我被問到怎麼教女兒英文時，我就會說，不教！

我的方式很簡單，只是讓她知道什麼是外語，培養她對英文跟其他語言的興趣。況且我的母語是土耳其語，不是英語。

上次跟加拿大的朋友吃飯，大女兒也一起參加。當大家在聊天時，我沒有讓女兒非講英文不可，她自己想說時，會說一些簡單的英文跟我的朋友交談。並且，當我在講英文時，會跟她解釋學外語的重要性，用簡單的英文講，孩子就能懂。

在公園裡的媽媽，每說一句話就夾雜英文單字，孩子會模仿，以後講中文的時候也會把英文單字夾在句子中，我想這不是一個理想的教育方式。

如果父母把任何一個課程或語言當成生活的一部分，孩子會更容易吸收。

這個世界不是會英文等於有國際觀

一名媽媽看見我女兒在公園玩，希望她的兒子也能一起玩，於是我聽到她對兒子說：「Go, go! play together.」接著媽媽不斷地跟兒子講英文，當然也聽得出來媽媽的母語不是英文。當女兒在旁邊講中文時，媽媽還是堅持跟她講英文。站在旁邊的我忍不住開口：「妳說中文沒關係，她聽得懂。」這個媽媽非常驚訝我女兒會講中文！

其實在台灣出生長大的混血兒，誰不會講中文呢？連很多外國人也會講中文了，這並沒有什麼好大驚小怪。

我知道這名媽媽很希望孩子學英文，但並不需要用英文跟孩子說話，除非英文是她的母語。不過她相當驚訝於我女兒會講中文，其實這有點太誇張。我從來沒有遇過外國人聽到我會講德文或英文的時候很驚訝。這個世界地球村，很多人會說很多國家的語言。有時遇到會講土耳其語的外國人，我也不覺得誇張，我會很開心地誇獎他們，但是不會表現得太驚訝。有時可能你的過度驚訝，正代表你的世界很封閉，沒有國際觀。

不少父母希望孩子盡快學英文，但跟孩子講幾句英文，不代表孩子會學英文。而且英文只是個工具，學習英文的目的是為了讓我們更有國際觀、更容易了解不同的文化，而不是局限自己。

我常常鼓勵女兒要跟外國人多聊天，但絕不是「你看是外國人吔，快跟他說英文」（我常常遇到這樣的父母或阿公阿嬤），其實真的不需要這樣。我讓女兒自然而然想說就說，跟她解釋這些外國人是從哪裡來的，說的是什麼語言，因為這個世界並不是只有英文一種語言。

培養孩子的國際觀，你可以這麼做：

孩子接觸到外國人時，可以藉機跟他分享不同國家的文化或語言。多讓孩子接觸一些介紹不同國家或文化之類的童書或卡通。

英文到達一定程度後，可多接觸國際新聞。

除了英文外，讓孩子知道還有別的語言選擇（有興趣的話）。

訓練孩子獨立思考的能力，日常生活中可以多引導孩子對事件發表看法。從新聞事件中，可以去了解整體架構，懂得發表自己的看法，國際觀自然而然培養起來。

吳鳳的分享教育

這個世界不是只有英文一種語言，

要培養孩子的國際觀，

先讓孩子有獨立思考的能力。

不當的處罰會失去好奇心

我過去不太知道學校有罰寫課本這種處罰方式，因為我沒有經過這種過程。所以起初聽到的時候有點震驚，然後我開始思考這樣的處罰方式對老師和學生有什麼好處呢？

我看到一則新聞報導，一位老師給學生二十二頁的功課，家長憤而把課本撕掉，並決定讓孩子轉學（會有二十二頁是因為不斷累積的處罰而來的）。

對於這種處罰，我認為很容易讓小朋友更不想要上學，失去對學習的好奇心。

其實懲罰也是教育的一部分，因為懲罰這件事也有教育意義存在。譬如說：德國老師不會給學生罰寫一堆字，他們只能給有意義的或讓學生學到內容的懲罰。也許讓學生去找一些有用的資訊，或者做一些對其他人有幫助的事等等（如社區服務）。不過這種方式需要不嫌麻煩、有創意跟世界觀的老師。

另一方面我也覺得家長撕課本不是很好的示範，原因有二：一、世界上有不少小朋友買不起課本；二、這樣的行為有可能讓他的孩子以後遇到類似狀況時，也會用相同方法來反應。

如果我是這個家長，會先去詢問老師請教原因，並再一次溝通看看，有沒有其他可以取代或改善的方式，最後真的沒辦法再決定轉學。不過據說這名家長有打電話跟老師溝通過，老師的回答是，這樣對其他學生才公平！

我想如果要溝通的話，最好親自面對面比較好。而老師提到公平性的問題，或許這樣的處罰方式對老師來說，是最便利的；也就是齊頭式的處罰，覺得有處罰就好了，並沒有思考到後續的狀況，這也是我覺得台灣教育最大的問題之一。

我知道在台灣，沒辦法馬上改變所有的教育方式，但至少可以慢慢參考世界不同國家所運用的方法。如果老師們能夠把學習過程變成有趣、有意義、有用，對學生來說是非常大的幸福。否則已經二十一世紀了，還繼續用上個世代罰寫的教育方式，很難培養出有思考能力、創造力跟世界觀的孩子。

根據美國的調查報告，太多功課只會讓學生失去對學校的熱情，而且也不會讓學生更成功，反而讓他們更有壓力、更不開心，並且還會破壞小朋友的生活品質、自信發展跟社交能力。過多的功課也會造成一些健康問題，包含失眠、潰瘍、偏頭痛、不想吃飯。

我在進入師大讀研究所前，校長曾跟我說：我們歡迎你來好好讀書，慢慢適應我們的環境，最重要的是把自己照顧好，健康開心快樂最重要。這種態度鼓勵了我，老師很尊重我，照顧我。結果我兩年內很開心地念完研究所。因為我小時候已經知道學習是為了自己，不是為了成績，我知道，投資未來是為了把握更好的機會。

吳鳳的分享教育

爸爸我今天考試考砸了……

沒關係，健康快樂才是最重要的。

學習是為了自己，不是為了成績。

愛護動物從小教起

每次看到虐待動物的新聞就會讓人很揪心，這樣的事件層出不窮。而且不只在台灣，世界各地包括馬戲團表演的，都是受到人類欺負的動物。

我雖然不是心理學家，但我知道基本上會虐待動物的人存在嚴重的心理問題與人格偏差。根據美國的一項研究調查，很多犯人過去都有欺負動物的紀錄。大部分會虐待動物的人，小時候家裡成長的環境缺少溫暖或不健全。而且最可怕的是，如果小時候虐待動物的話，長大後就有可能會虐待兒童。在一個完整且溫暖家庭中長大的孩子，從小習慣跟動物互動的話，不會虐待動物。

之前爸爸在庭院養過狗，在家裡有很多跟貓、狗做朋友的機會。爸爸鼓勵我們輕輕摸小狗、貓咪，然後他會在一旁觀察，如果我們不小心拉動物的尾巴或欺負動物，他會馬上禁止我們。

在土耳其的街頭很常看得到貓咪，所以我們有機會近距離觀察貓咪的生活。在我家的庭院前常有一些流浪貓，回土耳其時我和女兒會一起買貓食，嘗試讓女兒學習照顧牠們，如此一來女兒比較不怕動物。

對教育專家來說，孩子們如果跟動物之間一開始就有好的關係，也會影響他們跟其他人的溝通跟社交技巧。我歸納出幾個如何培養孩子尊重寵物的教育方式。

- 首先，爸媽要好好教他們珍惜動物這件事。孩子們要清楚哪些動作或行為不能做，如果他們不小心欺負動物，必須要馬上提醒這個行為是不對的。
- 領養寵物是很好的事，但是千萬不要為了領養而去領養，因為很多被領養的寵物以後也會被遺棄。領養之前，家人要先評估適不適合養寵物，能不能照顧牠們一輩子，而且千萬不要買賣寵物！

●可以跟孩子一起參加幫助動物的公益活動。台灣有很多這方面的非營利組織，有機會都可以帶著孩子一起做公益，幫孩子們培養對動物的愛。

●如果自己沒辦法養寵物，也可以幫忙宣傳、鼓勵領養。之前一名朋友說她家前面有些流浪小貓，希望我可以利用社群媒體鼓勵別人來領養。我和女兒一起去現場做直播，結果很快地牠們就被領養走了。我現場跟女兒解釋貓咪流浪的故事，讓她可以一邊學習尊重寵物的重要性。

●在家可以跟孩子一起看紀錄片。有時候跟女兒看這種影片很有趣。譬如北極熊、大象等等的紀錄片，小朋友會很喜歡看，同時也可以跟女兒講一些動物的故事，讓她自己發現動物界的魅力。

●可以去動物園，台北的動物園水準很好。有些動物園的動物很像是被困在監獄裡，而一個國際水準的動物園會讓孩子學習愛惜動物。

●如果跟我一樣沒有辦法在家裡養寵物的話，養魚也是一個很好的選擇。我們家有一個小魚缸，女兒會自己餵小魚，可以先從這裡學習照顧小動物。

●帶孩子出去玩，一起探索大自然，也許這是最好的教育方式。連觀察一個小庭院裡面的螞蟻、蜥蜴等，對小朋友來說都是學習。有時候我會特地帶女兒去大安森林公園一起找松鼠，真的是很好玩的遊戲。

●講關於動物的故事，或者讀一些關於動物的書給孩子聽。這樣孩子的想像力會有來自動物界的力量跟愛。這個很重要，而且也很簡單。

世界上沒有保證一定成功的ＳＯＰ

朋友的小孩開始學寫中文字，六歲的小孩筆都還握不穩，寫出來的字（注音）當然是歪七扭八，但朋友每天花三至四個小時盯著他重寫、再重寫。當孩子不耐煩、不想練習時，朋友提出用其他娛樂活動當作交換條件，暫時安撫孩子的不耐煩。但久而久之孩子很可能會慢慢失去對學習的興趣，最後，更可能為了父母學習，而不是為自己。

我常聽到已經畢業離開學校的年輕人，還無法判斷自己想要走的方向，結果變成一切由父母來決定，但其實自己並不快樂。

和台灣父母聊天時，許多家長過度在乎孩子的成績，把學校的成績看得比什麼都重要，等於一切。出了社會後，有人學校成績很棒，卻工作不順利；有人工作很成功，但婚姻失敗了。

我曾經讀過一本土耳其作品《Ba arıya götüren aile》（讓孩子成功的家庭），作家Do an Cücelo lu在教育方面是很有權威的專家，許多父母非常尊重他的教育方法跟提供的資訊。他認為父母給孩子的每一個多餘的壓力，都會造成孩子把自己生活的掌控權直接交給父母，意思是父母控制他們的未來而不是由自己掌控。這樣被父母控制的孩子也許在學校有好的成績，但是在社交能力上卻會有障礙。譬如很會做筆記，但是沒有辦法表達自己；數學很好，但是交不到朋友。

有時候我們為了孩子有更好的教育花了很多錢，或是安排許多才藝課程，但很可惜的是，這些不代表孩子一定成功。世界上沒有百分之百保證讓孩子成功的SOP。每個孩子的個性、興趣、能力都不同，同一個家庭、同一對父母養出來的兩個孩子也會有很大的差別，但我們還是可以盡量創造適合孩子發展的空間。如果孩子從中發現自己的興趣跟重要性，長大之後，孩子有了自己的選擇，而不是因為父母的決定。這個過程是一條很長遠的路，必須要有耐心和花時間。

作者特別強調孩子要有自覺，了解學習的重要，最後孩子才會自發性地學習想要的課。我記得念大學的時候，爸爸僅僅說過一次要認真學德文，以後對工作會有幫助。爸爸只是告訴我，人生要有不同技能，提醒我不要浪費時間，否則以後會後悔。我記在心裡，自己去發掘興趣和重要性，在學校三年內認真學習德文。因為我想要讓自己更好，所以即使爸爸不在身邊，我也會認真讀書，我知道自己要開始掌控自己的未來。

成功這條路上有很多不同的過程，也有許多變化。有時候經歷不同的狀況或實習，會讓人發現更多關於生活的技能。我十六歲的第一次實習，發現很多沒有特別技能的人只能做普通的工作，薪水也很低，看到他們沒有太多選擇和發展的空間。

我給自己設定一個目標：不管做什麼都要呈現自己的特色。結果自己很快就確定語言跟溝通是我的興趣，這兩個方向也成為我專注的學習目標。

這裡提供來自西方專家五個培養出成功孩子的建議：

一、**讓孩子參與家事**：給孩子一些任務，會讓他們培養責任感和成就感。我是每次要倒垃圾時，如果天氣合適，一定會帶女兒一起去，在土耳其的時候也給她一些小任務完成。她每次都覺得很開心。

二、**孩子們要有好的社交溝通技巧**：要懂得理解對方，也要有解決問題的能力。根據研究，社交技巧好的孩子，未來工作上比較容易成功。所以我鼓勵女兒跟其他朋友聊天，讓她介紹周圍環境、接觸新朋友。在國外的時候，我告訴她不同國家的特色等等。我記得去比利時的火車上，她跟一名巴西人玩，我在旁邊觀察她的溝通方式，真的很有趣。

三、**父母要當一個好的範例**：希望孩子成功的話，首先我們父母也要當個好榜樣。父母受到好的教育，孩子更容易想要跟爸媽一樣好。這樣的理論也是根據許多研究證明。小時候我看到爸爸認真工作，所以把他當成榜樣。而且小時候爸爸就讓我參與他的工作，幫他顧店、和客人溝通。

四、鼓勵孩子嘗試、不怕失敗：很多的大成就是很多失敗累積而成的。所以孩子要知道，人生也有失敗，而且不會只有一次，是會有很多次、很多次！我常常觀察女兒的動作，最近她愛騎腳踏車，有時候腳踏車卡住，我不去幫她，我看看她自己怎麼解決。也許是一件很小的事，但是對三歲的小孩來說，一切都是一步一步來。

五、告訴孩子認眞工作的態度：認真工作的父母讓孩子更容易懂得工作的責任，這些孩子未來也有可能更成功。

吳鳳的分享教育

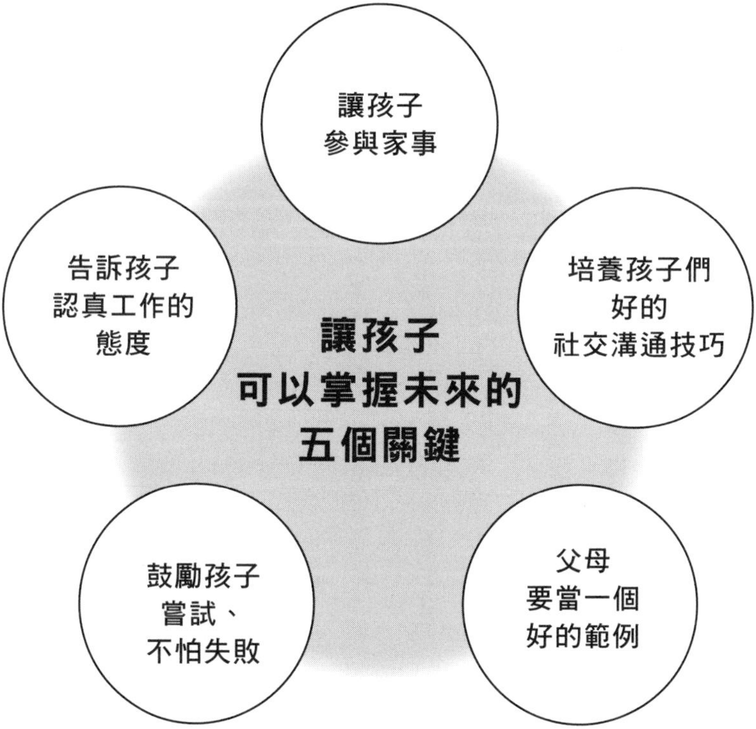
讓孩子
可以掌握未來的
五個關鍵
讓孩子
參與家事
培養孩子們
好的
社交溝通技巧
父母
要當一個
好的範例
鼓勵孩子
嘗試、
不怕失敗
告訴孩子
認真工作的
態度

我爸爸從來都沒有說過，老了一定要照顧他

孩子乖巧、聰明、很會讀書似乎是每個父母的願望。不過有沒有想過，到底孩子長大後會照顧年長的父母嗎？會孝順嗎？我知道有些孩子長大後開始不理家人，或者父母老了直接送養老院。爸媽最大的恐懼之一是自己的孩子變得不孝順。

很小的時候，有一天我看到一位老人，他很孤單地坐在自己家門口。爸爸說：「你看他被自己的孩子遺棄，天天在門口都沒有家人來找他。」那一天我相當難過，爸爸跟我簡單解釋老人需要的照顧。雖然我很小，不過開始了解一個老人所需要的愛。

從那一天之後，我很怕爸爸有一天也變成跟那位老人一樣！所以我更用力地擁抱他。每次跟爸爸聊天的時候，都會跟他說：「以後我們不會遺棄你，不用擔心。」因為那天我看到的老人給了我很大的震撼，我不想自己的爸爸也這樣被拋棄。

當然要變成一個孝順的孩子需要一段教育過程，家裡充滿尊重跟愛是最基本的。我的媽媽很早就去世，所以爸爸更照顧我跟妹妹，給我們濃濃的愛，這種環境下我們跟爸爸之間建立起一個更親密的關係。

其次，培養孩子的道德觀。父母要認真觀察孩子的行為跟態度，有不好的地方要提醒孩子，千萬不要讓不好的行為變成孩子的習慣。注意孩子的交友狀況，一個壞朋友也很容易影響孩子的個性。最近我遇到一名年紀較長的美國人，他說，父母要認識孩子的朋友，一定要知道自己的孩子花時間跟誰在一起。

還有一個很重要的祕訣就是給孩子「責任」，不要讓孩子把爸媽當奴隸。從小就要一起分擔家事，簡單的整理、收拾碗筷、洗碗等等。爸爸讓我接觸他的工作，我才更知道他賺錢有多辛苦，也更尊重爸爸。

其實爸爸從來都沒有跟我說過老了一定要照顧他。因為他知道，小時候給我的一切加上愛跟照顧，讓我自然而然會尊重爸爸。他年紀大了，我會盡量找時間陪他。即使來台灣求學、追求自己的夢想，但一定會找時間回去陪他，妹妹也可以就近照顧，我們不讓他覺得孤單。生日時一定會慶祝，偶爾送禮物，常常打電話跟他聊天，都會讓爸爸覺得孩子很在意他，心是跟他在一起的。

當年我的存款雖不多，但優先選擇幫爸爸買房子，他的眼神告訴我他有多快樂。他跟許多朋友說那間房子是兒子買的，為我感到驕傲。爸爸離開世界的那一天，雖然我跟妹妹很難過，但我們做到了愛要及時，所以心裡遺憾很少。

吳鳳的分享教育

給孩子「責任」，

不要讓孩子把爸媽當奴隸。

不要害怕跟孩子談「死亡」

在教育孩子的過程中，我們教他們有關生活的大小事，包含學習、態度、友情……但我們似乎從來沒有教他們「死亡」這件事。最近我正經歷這個階段，讓我領悟到除了正面積極的事之外，也要學習讓孩子知道「死亡」。

也許你會覺得聽起來好像有點可怕，但是跟「出生」這件事一樣，死亡也是生活的一部分。而且讓我們人生變得更有意義的，也是死亡。所以不用害怕它，而是要接受它。在孩子發現這個世界上還有「死亡」這件事之前，把死亡好好解釋給孩子知道。

就在上個月爸爸過世了，我重新整理自己對死亡的一些想法，並思考如何說給孩子知道。我跟女兒分享死亡，對她說，爺爺已經無法陪我們了。大女兒第一次接觸死亡這件事，是因為家裡的一隻小蟲。當她發現小蟲在地上不動的時候，好奇地問我：「爸爸，為什麼蟲不會動呢？」那個時候我不想要騙她，用最簡單的方式來跟她解釋死亡這件事。我說：「小蟲結束牠的人生，現在沒有辦法呼吸了，牠去其他的地方，以後也不會回來這裡。」女兒繼續問我一些以「為什麼」開頭的問題，女兒有很多「為什麼」的問題，這代表她觀察周圍的環境。比如說，如果我遇到外國人開始講他們的語言，女兒問為什麼要跟他們說話？像前陣子我們去吃拉麵，日本老闆問我們要吃什麼？我最後說ARIGATOU（日語：謝謝）女兒開始問為什麼我說ARIGATOU？哪裡學ARIGATOU？為什麼他是日本人？孩子隨時隨地會出現新的「為什麼」。為什麼跑車比較快？為什麼小鳥不靠近我們？為什麼獅子會咬人？孩子的「為什麼」永遠不會結束，但是因為有這些「為什麼」她們不斷在學習，所以我喜歡她們問「為什麼」。而這一天她問了「為什麼蟲不會動了」，她知道這個世界上有一件事就是死亡，時間到了自然會發生。

很多專家特別警告父母不要把死亡解釋得很可怕，或者避免談這件事。我覺得只要是用對的方式，就不會讓人覺得恐懼。專家們的建議是用具體的例子來解釋，譬如說停止呼吸、結束人生等等。我知道有一些父母會把死亡形容成睡覺，但是這種說法也有可能讓孩子害怕睡覺，因此解釋死亡時還是要注意用語跟方式。

第一次跟女兒解釋死亡之後，只要在家裡陸續看到一些蟲，我女兒自然而然會跟我說：「爸爸你看小蟲已經不在了，牠不呼吸，死了。」而且她很成熟地接受了這件事，讓我覺得是一個好的反應。

爸爸生病時，我們一起回去土耳其看他。在出發之前，先讓女兒知道爺爺生病，我們一起跟爺爺視訊，要回家看他，打針讓爺爺好起來。最後爺爺走了，我很單純地跟女兒說：「爺爺的年紀很大，身體不好，他走了。這是我們人類的結局，不用太難過，爺爺一樣看著我們，妳要乖乖長大。」她當然不可能像大人一樣理解死亡這件事，但至少已經知道爺爺不在了。

隔天舉行告別式的時候，很多爸爸的朋友來慰問我們。老婆跟兩個女兒也在現場。小朋友們不知道發生了什麼事，開心地一起玩遊戲。我將大女兒抱過來，靠近爺爺的棺木，跟她說：「這裡面躺的是爺爺，他很愛妳。不過這是他的最後一個時刻，我們好好送他，他會覺得更幸福。」回台灣之後，女兒問我老婆：「爺爺不在了，妳哭哭嗎？爸爸哭哭嗎？」雖然她還小，但是我想她懂了，我知道她也難過，但是她已經開始知道，時間到了人生會結束。

我覺得那一天對我來說是一個長大的課程！

人生的每個階段，開心、大笑、眼淚、生氣、憤怒、愛、快樂等等，父母都要讓孩子知道，這樣他們才會更了解人生的過程，而且更珍惜。以後我一定要帶孩子們一起去看爺爺跟奶奶的墳墓，但不是逼迫而是因為愛。勇敢面對死亡，讓孩子培養出勇敢的個性跟擁有理想的生活。相信這也是我爸爸最想要的親子教育之一。

這篇文章獻給我已逝的父親。

同理心練習題

我們每天幾乎只記得提醒孩子，要好好念書、趕快寫功課、早點睡覺、刷牙……我們急著早早建立孩子的生活常規，但除了建立生活習慣，是不是忽略了什麼？孩子對外在世界的感受究竟是什麼？

最近我讀了一篇印象深刻的文章。強調爸媽要培養孩子的同理心，發現其他人的生活。

我想大部分的台灣父母都為孩子犧牲相當多。孩子要什麼馬上就有，餓了馬上飯菜就來；口渴，馬上有飲料；想要玩具，也馬上去買，現在幾乎每個孩子都有平板電腦跟手機。他們慢慢活在自己建立的世界中，越來越不理會外面的社會。他們很難真正體會冷是什麼，因為馬上就會穿上保暖的衣服；他們也不太知道辛苦是什麼，因為爸媽都幫忙解決了。被完整保護的孩子，完全不明白外面的弱勢族群。漸漸地，他們唯一的目標就是讓自己開心。想要買最新款的運動鞋、要最新款的手機。孩子的心只在意眼前的生活享受，對歷史或祖先也無感，珍惜與感恩的心越來越少，羨慕其他國家的生活，不在乎自己生活的土地。

最近我一直思考，不希望自己的孩子只關心自己，無視外面的世界。尤其是大女兒，因為她已經越來越懂事了，我常常提醒她，妳很幸福，要珍惜。說故事的時候，會適時告訴她我們很幸福，但有許多小朋友卻沒有衣服穿，也沒有家可以住。有時候我跟女兒遇到路邊無家可歸的老人，便機會教育告訴她外面還有很多需要幫忙的人。在我們出國的時候也讓她知道，很多人沒辦法去度假，因為生活較不富裕，常常提醒她要感謝。

當她開始聽到這些觀念，會問我：沒有房子住的人可以跟我們一起住嗎？她想像用樂高蓋房子給無家可歸的人住。女兒的這些舉動，雖然只是一個小小的行為，但我看在眼裡，知道她正在對自己以外的世界產生同理心。

吳鳳的分享教育

餓了馬上
飯菜就來

口渴就有
飲料

想要玩具
也馬上去買

1. 珍惜與感恩的心越來越少
2. 羨慕其他國家的生活，不在乎自己生活的土地
3. 與世界無法產生同理心

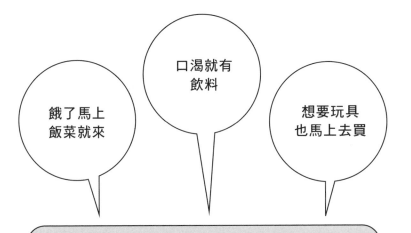

你還停留在重男輕女的觀念？

二〇二〇年一月底運動界失去了一位世界級的運動偉人——柯比・布萊恩（Kobe Bryant）。也許大部分的人關心他籃球方面的優秀表現，不過他的另外一個身分也很值得了解，就是「爸爸」這個角色。

也許「爸爸」這個身分聽起來沒什麼了不起的地方，但是仔細探究的話，會發現Kobe給孩子的教育，其實有機會扭轉世界存在很久的問題：重男輕女！

Kobe有四個女兒，他很關心每一個孩子的生長過程。有人覺得Kobe沒有兒子很可惜，他完全不在乎這種傳統觀念，因為對他來說女生跟男生都是一樣的。一些很傳統的人都跟Kobe建議，他要有兒子，才能把他的籃球神技好好傳承發展下去，不過他女兒Gigi（很可惜她也在這次失事中走了）跟她爸爸說：爸爸不用擔心，我會好好打籃球！

Kobe遇到的其實是現今世界各地還存在的觀念——重男輕女。一些發達國家也許比較沒有這個觀念，但是不少落後國家的社會一樣不重視女生，每年甚至有幾百萬個女孩都沒辦法上學！目前世界有一億以上的女生無法受到公平的教育，這是一個很可怕的數字！因此聯合國教科文組織（UNESCO）、聯合國（UN）等單位一直在努力讓女生受到更公平的對待。

現在台灣除了傳統老一輩還是比較重視男生外，在年輕一代，重男輕女並不常見。我老婆說：小時候爺爺奶奶也是很傳統，所以把更多的注意力給她弟弟。這種不公平的對待造成女生跟男生之間的差距，這種差距長久下來都會影響女生的收入跟社會地位。

一樣的問題在土耳其更嚴重，尤其是低知識水準跟低收入的區域，不少女生沒有受到公平的教育，也有一些女生很年輕就出嫁。而世界其他地方，如巴基斯坦、阿富汗、非洲一些回教國家，女生不到十八歲就必須要嫁出去，有些人的對象甚至都還沒有見過面。

男生總是享受最好的教育跟資源，女生為這世界奉獻很多卻總是被忽略，從收入到工作上的地位，女生很難受到公平的對待。所以Kobe 給四個女兒公平的教育，其實也象徵著我們必須要創造公平的環境讓男生跟女生一起享受。

Kobe 是一個很棒的榜樣。現在的台灣漸漸重視兩性平等的風氣，除了台灣的總統是女生，台灣也有許多表現優異的女生。

身為有兩個女兒的我，一樣會努力把最好的教育給自己的孩子。有時候老婆問我：沒有兒子會不會有點遺憾？我覺得一點都不會！我很開心有女兒，她們讓我覺得很驕傲。不管男生或女生，好的教育才能培養出人格健全、有獨立思考能力的人。身為父母的任務就是為這個世界創造公平的社會，所以第一件事就是讓所有的女生都受到公平的教育，跟Kobe一樣。

給孩子一堂正確的防疫課

世界本來就天天在變化中，當全球正經歷病毒危機的現在，我們的生活也在重新調整，包含教育。連我大女兒都問我，爸爸，什麼是病毒？為什麼大家戴口罩？為什麼要一直洗手？

大人也許已經了解疫情狀況，也清楚接下來的日子已經不像之前一樣自由，口罩、消毒等防疫產品都加入我們的生活中。除了保護自己之外，我們需要讓孩子面對未來的變化做好準備。現在人跟人之間要保持社交距離（social distancing），我們過去習慣握手或擁抱朋友，這些習慣都慢慢消失了。另一方面，教孩子要多注意身體健康，讓他們知道病毒這件事。病毒從地球第一次出現到現在一直存在著，只是病毒也一直在變化中，尤其有人去接觸野生動物後，病毒跑到人類身上就變得更嚴重，這些訊息孩子們也必須知道。不過告訴孩子關於病毒的訊息時，千萬不要讓他們感到恐懼，否則可能影響孩子的情緒。譬如說，我妹妹的小孩因為害怕病毒就睡不著，這也不好，孩子們很需要正面的力量。

尤其對於防疫工作，孩子們會觀察我們大人的態度，有樣學樣，因此大人就必須當好榜樣。每天我接孩子回家之後，第一要務就是馬上帶孩子們去洗手，而且至少洗三十秒。洗手時，我想要多互動，就讓大女兒教我們怎麼洗手。和小孩的互動，不能因為疫情關係停止，即使無法出國或者去人多的地方，但簡單的娛樂還是不能消失。也因為要控制疫情，很多人無法去上班上課，在家裡的時間變多了，但是請不要把這個時間變成只是一直看電視的時間。在家裡還有很多事可以做，比方說下廚、看書，跟孩子一起畫畫、唸故事書等等。像我有運動的習慣，會選擇盡量避開人潮，跟小朋友一起運動，讓她們從一起動的過程中知道運動的好處。

疫情讓我們有多出來的時間，不管疫情何時結束，甚至很有可能這病毒也無法完全消失，但是如果我們的生活方式更健康、更衛生的話，可以趁這個機會讓孩子知道要珍惜世界的資源。更重要的是孩子要知道每個人都有責任，唯有大家一起團結合作，才能恢復健康的世界。

吳鳳的分享教育

當孩子問說——

什麼是病毒？

為什麼大家
要戴口罩？

為什麼
要一直洗手？

告訴孩子關於病毒的訊息時，千萬不要讓他們感到恐懼，
否則會影響孩子的情緒。

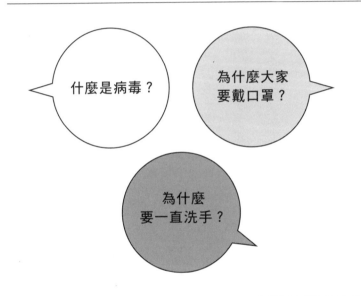

沒有國際觀有時候很可愛，但大多時候更可怕！

我在台灣常常訪問很多人，包含台灣人跟來自各國的外國人。最近問到一題是希望台灣可以改進什麼地方？很多人回答我：「台灣必須要更有國際觀！」我相信你們也同意這個想法，台灣的確很缺乏國際觀。因此，這篇文章我想要跟大家分享如何培養國際觀，尤其是讓父母知道怎麼讓孩子跟世界接軌。因為這真的是一個非常重要的教育課題。

國際觀不是馬上可以教給孩子的一件事，但是可以慢慢讓孩子接觸國外的資訊。一開始用比較輕鬆的方式，讓孩子慢慢接觸來自世界各地的訊息。從小讓他知道世界上除了台灣之外，還有很多其他不同的國家，而且這些國家的力量甚至影響全世界文化、經濟、娛樂的發展，所以一定要知道並了解他們。

也許一些人會覺得，這到底重要在哪裡？或是覺得孩子哪裡懂這麼複雜的事？沒錯，孩子當然不會馬上了解很多事情，我們也不是讓他們變成政治人物或新聞主播。我們要做到的是，讓孩子發現世界原來這麼大，各個國家和地方有不同的特色跟文化。要讓孩子知道世界上不是只有台灣，每個國家發生的事情幾乎都會影響到我們。

我的想法是，用最輕鬆簡單的方式分享給孩子，他們也會慢慢開始了解世界。而且當他們知道國外的事情越多，就越是想要知道更多資訊。讓他們好奇也是一種很重要的學習。好奇的孩子會問問題，好奇的孩子會找尋答案，我最喜歡問問題的孩子。但是很可惜在台灣教育下的孩子，很多人害怕舉手問問題，害怕如果問題不是很好會被笑！結果很多孩子沒有自信。沒有自信的孩子怎麼會有國際觀呢？

從小培養國際觀，有一天孩子們出國讀書的時候會有非常多的幫助。這些有基本想法跟世界資訊的孩子們比較容易跟國際社會接軌。他們的適應力也會比較好，溝通方面也有很多優點。

千萬不要小看國際觀，最近發生的一些事讓我們更知道國際觀的重要性。大家應該都聽說這個新聞，有一名在國外讀書的台灣年輕人因為覺得好玩，一句開玩笑的話，讓他因涉嫌恐嚇校園被抓了。這種行為在國外是非常嚴重的，十八歲的孩子如果不知道這些基本概念的話，當然很容易造成不好的後果。

說真的，有時候在台灣我們常常覺得沒什麼大不了，或者覺得還好，從台灣的生活角度看世界的話一切都沒事。但是很可惜，世界不是那麼單純，在國際社會無法單純只用台灣的角度來思考，所以一定要知道國外生活的環境與差異。上次一個知名的音樂團體在ＭＶ裡嘲笑伊斯蘭教，結果被冠上侮辱宗教之名，網友開始擔心台灣會被ＩＳＩＳ恐攻盯上。我相信他們只是覺得還好、沒事，反正在台灣我們很自由，沒什麼問題啦！但是國際上一切都不是那麼簡單。

我也覺得台灣很單純，常常很無知，有時候又很可愛。但是說到國際觀的時候，我們不能總是有藉口，說我們不懂，沒關係啦，一切都是開玩笑。請相信我，世界不是那麼單純的，如果生活在地球上的話，每一個人多少都要知道這世界的真實狀況。尤其是如果想要自己孩子有國際競爭力，國際觀的培養就更重要了。

如果稍微關注在台灣大家天天收到的資訊的話，會更容易懂我的意思。從早上開始到晚上，媒體分享了很多小新聞跟地方小事。這樣長期下來，台灣人無法知道國外的狀況跟現在世界流行的話題。連報紙的頭條新聞跟國際社會都完全沒有關係。結果，台灣人的世界越來越封閉，與國際社會越來越脫節。

國外的一個研究說：讓孩子們知道世界各個地方的多樣性，會讓他們更了解其他人，而且也可以鼓勵他們為世界做更多的好事。那怎麼讓孩子懂世界呢？我分享給大家一些簡單的概念。

要接觸地理：我小時候很喜歡跟地圖玩，在地圖上我一直想要知道哪一個國家在哪裡，然後到底遠不遠。我那個時候一直覺得自己在旅行。但因為這樣，我很早就知道很多國家的地理位置。所以認識外國人之後，我更知道了他們生活的地方。有時候我在台灣會被問到「土耳其在哪裡？你們的國家有沒有下雪？土耳其人講阿拉伯語嗎？」等等的問題。基本上有國際觀跟地理資訊的人不會問這些。

學外語：這個當然很重要。學一個語言代表了解一個新的文化。我爸爸常常說，一個語言一個人，兩個語言兩個人。孩子們從小開始要慢慢地接觸英文，絕對會帶來許多的資訊跟學習。不過不需要逼孩子學英文，讓孩子覺得語言很有趣才是對的。我在台灣常常遇到一些家長，他們看到外國人就馬上跟孩子說：你看是老外！這是一個很淺的反應。如果我遇到外國人的話，我會跟女兒說：妳看這個哥哥來自美國，一個很遠的國家。而且妳知道嗎？他的語言是英文。我講土耳其話，媽媽講中文，他講英文。妳可以跟他說hello、聊天，他會很開心。這才是最正確的反應。這樣孩子會知道各個外國人有不同的語言，每一個人有屬於自己的文化跟特色。不能馬上說全部的外國人都講英文，大家都來自美國；這也是在台灣最常見的反應。

參加國際比賽或活動：我覺得最好的例子是二〇一七年的台北世大運。那個時候很多國外的選手來台北比賽。這是一個很難得的機會，可以讓孩子接觸運動跟外國人。我也帶我女兒一起去看比賽。比賽中我告訴她各個國家的國旗，給她看土耳其國旗等等，讓她知道世界上有很多不同國家。不過這個時候很多台灣的記者去訪問外國人，問他們臭豆腐好吃不好吃？從這個角度看國際社會的話，我們很難會有國際觀。

體驗各國的美食文化：美食文化是世界上每一個國家都擁有的很大的力量。讓孩子接觸國外的食物也是一種好的學習。品嚐不同的食物，慢慢習慣來自各國的新奇口味，也讓孩子們更容易適應新的環境。如果從小開始這樣培養孩子的興趣的話，他們長大後不太會害怕接觸新料理。我妹妹來台灣的時候，我也很努力讓她品嚐世界美食，但是因為她都沒有經歷過這樣的環境，所以她除了西方美食之外都無法適應。

聽國外的音樂：誰不愛音樂呢？讓孩子聽音樂能讓他們自然學會歌詞和語言，而且還可以練習表演等等。我女兒兩歲半時，我幾乎每天讓她接觸很多不同風格的音樂，因為我想要她表現出她心裡面的力量。有時候她自己說：爸爸我要跳舞。我最喜歡這樣，主動來找我，代表她已經對音樂有很大的興趣。

跟著孩子們旅行：旅行真的比看很多書還更有力量。看見世界等於打開眼界，去一個新的國家會讓孩子們親自發現在地的特色跟美麗，而且可以遇到很多其他國家的人。因為我想要讓女兒接觸各國的文化，所以去年帶她去了九個國家。也許她還很小，但是我在比利時看到她幫我叫計程車，在荷蘭的火車上跟巴西人互動，在克羅埃西亞跟英國人玩水。這才是最容易讓孩子了解各個國家和族群的方式。

除了這些之外呢，也可以跟孩子們一起看外國的影片，有時候看全英文的內容也OK。千萬不用擔心孩子不懂，孩子們很快就適應了新的環境跟語言。女兒現在會用三種語言打招呼，可以說一些簡單的話，也願意看三種不同語言的卡通。另外，去參觀來自國外的展覽、聽演唱會、看舞台劇等等都會有很多的幫助。我希望爸爸媽媽們多花時間在這方面，不要只重視補習、功課。親子教育是一條很長的路，如果我們把眼光看遠、看深、看長，孩子們也會跟著我們學。有一個台灣原住民大哥曾經跟我說：人必須要跟老鷹一樣，飛得高，看得遠，抓得準。各位爸媽們，請多加油吧！

Creative 161

養出快樂的孩子比什麼都重要：
吳鳳與孩子的分享教育

作　　者｜吳鳳
出 版 者｜大田出版有限公司
台北市一〇四四五中山北路二段二十六巷二號二樓
E-mail｜titan@morningstar.com.tw http：//www.titan3.com.tw
編輯部專線｜（02）2562-1383 傳真：（02）2581-8761

總 編 輯｜莊培園
副總編輯｜蔡鳳儀
行銷編輯｜陳映璇／黃凱玉
行政編輯｜林珈羽
校　　對｜黃薇霓／黃素芬
內文設計｜陳柔含

初　　刷｜二〇二一年七月十二日 定價：三五〇元

購書 E-mail｜service@morningstar.com.tw
網路書店｜http://www.morningstar.com.tw
TEL：04-2359-5819 FAX：04-2359-5493
郵政劃撥｜15060393（知己圖書股份有限公司）
印　　刷｜上好印刷股份有限公司
國際書碼｜978-986-179-637-6 CIP：528.2/110004450

填回函雙重禮
①立即送購書優惠券
②抽獎小禮物

國家圖書館出版品預行編目資料

養出快樂的孩子比什麼都重要／吳鳳著.
——初版——臺北市：大田，2021.07
面；公分 .——（Creative；161）

ISBN 978-986-179-637-6（平裝）

528.2　　110004450